EN İYİ KURUTUCU TARİF KİTABI

Kilerinizi 100 Kurutulmuş Kreasyonla Canlandırın

Sibel Öztürk

Telif Hakkı Malzemesi ©2023

Her hakkı saklıdır

Bu kitabın hiçbir bölümü, incelemede kullanılan kısa alıntılar dışında, yayıncının ve telif hakkı sahibinin uygun yazılı izni olmadan, hiçbir şekilde veya yöntemle kullanılamaz veya aktarılamaz. Bu kitap tıbbi, hukuki veya diğer profesyonel tavsiyelerin yerine geçmemelidir.

İÇİNDEKİLER

İÇİNDEKİLER 3
GİRİŞ 6
CİPS VE KRAKATLAR 7
   1. Tuzlu Keten Cipsi 8
   2. Chipotle-Kale Cipsleri 10
   3. Kaşar-Kale Cipsi 12
   4. Temel Keten Kraker 14
   5. Domatesli Keten Kraker 16
CEVİZ, TOHUM VE TAHILLAR 18
   6. Kuru Fasulye 19
   7. Teksas Acılı Fıstık 21
   8. Akçaağaç Chipotle Şekerli Ceviz 23
   9. Zencefil Şekerli Ceviz 25
   10. Meyve Yolu Karışımı 27
   11. Tamari Bademleri 29
   12. Kakaolu kurutulmuş badem 31
   13. Nori Krutonları 33
   14. Yapışkan Akçaağaç-Biber Cevizleri 35
   15. Akçaağaç Baharatlı Ceviz 37
   16. Kurutulmuş Yer Fıstığı 39
   17. Kurutulmuş Chai Macadamias 41
   18. Asya'dan Esinlenen Fındıklar 43
   19. Kurutulmuş Granola 45
   20. Kurutulmuş ve baharatlandırılmış ay çekirdeği ... 47
   21. Kurutulmuş susam 49
   22. Kurutulmuş antep fıstığı 51
   23. Balkabağı granola barları 53
PİZZA VE KİŞ KABUK 55
   24. Karabuğdaylı Pizza Kabuğu 56
   25. Domatesli Pizza Kabuğu 58
   26. Kekikli Pizza Kabuğu 60
   27. Ham Kiş Kabuğu 62
ET, BALIK VE JERİKLER 64
   28. Hamburger Dana Kuruyemiş 65
   29. Otlar ve Sarımsaklı kurutulmuş sığır eti 67
   30. Akçaağaç ve Dijon sarsıntılı 69
   31. Kurutulmuş Tavuk 71
   32. Barbekü Mango Eti; Sarsıntılı Mango 73
   33. Barbekü Sarsıntılı Şeritler 75

34. Worcestershire Soslu Kurutulmuş Dana 77
35. Portakallı Kurutulmuş Dana 79
36. Pastırmalı Kuruyemiş 81
37. Teriyaki soslu kurutulmuş somon 83
38. Füme Meksika Sarsıntılı 85
39. Kırmızı pul biberli Hindi Kuruyemiş 87
40. Harissa aromalı Jerky Dana 89
41. Tatlı ve Baharatlı Dana Jerky 91
42. Worcestershire terbiyeli kurutulmuş sığır eti 93
43. Sarımsaklı Kurutulmuş Dana 95
44. Domuz eti sarsıntılı ve chipotle sos 97
45. Kurutulmuş Sığır Bulgogi 99
46. Kurutulmuş Kuzu 101
47. Otlu Füme Pastırma 103
48. Limonlu Balık Sarsıntısı 105
49. Sarsıntılı Somon 107
50. Geyik eti sarsıntılı 109
51. Cajun Domuz Kuruyemiş 111
52. Sriracha Akçaağaç sığır eti sarsıntılı 113
53. Mesquite Füme sarsıntılı 115
54. Tayland usulü köri Kurutulmuş domuz eti 117
55. Biberli kurutulmuş morina balığı 119
56. Limonlu biberli balık sarsıntılı 121
57. Füme Tavuk Sarsıntısı 123
58. Kuru patlıcan 125
59. Sarımsaklı Soya Kuruyemiş 127
60. Jamaika Sarsıntısı 129
61. Kurutulmuş Manda Sığır eti 131
62. Brezilya Barbekü Jerky 133
63. Tatlı Isı Sarsıntılı 135
64. Füme Somon Kuruyemiş 137
65. Cajun Cod Jerky 139

MEYVE, SEBZE VE DERİLER 141
66. Çikolatalı Muzlu Deri 142
67. Elma incir meyve derisi 144
68. Kurutulmuş Frenk Soğanı 146
69. Çilek baharatlı meyve derisi 148
70. Şeftali Derisi 150
71. Karpuz dilimleri şekeri 152
72. Burbonlu Ballı Şeftali 154
73. Siyah ve Yaban Mersini meyve derisi 156

74. Üzüm Akçaağacı meyve derisi 158
75. Tatlı Biberin Kurutulması 160
VEGAN KURUTULMUŞ TARİFLER **162**
  76. Kurutulmuş tofu 163
  77. Kurutulmuş tofu tavuğu 165
  78. Kırmızı mercimek biberi 167
  79. Kurutulmuş Tay yeşil körisi 169
  80. Tay kırmızı körisi 171
  81. Yumurta meyveli limonlu lor 173
  82. Kurutulmuş Hindistan Cevizi pastırması 175
  83. Vegan ve dolmasız biberler 177
  84. Domatesli bisküvi 179
  85. Mango salsalı kuskus salatası 181
  86. Mahallo Macadamia kinoa pilavı 183
  87. Ham Cinnamon Ruloları 185
  88. Kurutulmuş ekmek kırıntıları 187
  89. Muzlu Keten Krep 189
  90. Kurutulmuş Kış Kabağı 191
  91. Elmalı Krep 193
  92. Brezilya Fındıklı-Muzlu Krep 195
  93. Ispanaklı Kiş 197
  94. Kuşkonmaz-Mantarlı Kiş 199
  95. Hindistan Cevizi Pastırmalı Brokoli-Cheddar Kiş 201
  96. Karabuğdaylı Bisküvi 203
  97. Kalamata Zeytin Crostini 205
  98. Karabuğdayla Dövülmüş "Kızarmış" Soğan Halkaları 207
  99. Hırpalanmış Kabak Çubukları 209
  100. "Közlenmiş" Biber 211
SONUÇ **213**

GİRİŞ

Susuz mutfak lezzetleri dünyasına açılan kapınız olan EN İYİ KURUTUCU TARİF KİTABI 'na hoş geldiniz. Dehidrasyon, meyvelerin, sebzelerin, bitkilerin ve daha fazlasının canlı tatlarını korumanın geleneksel bir yöntemidir. Bu kapsamlı kılavuzda sizi, yalnızca kilerinizi canlandırmakla kalmayıp aynı zamanda mutfak becerilerinizi de geliştirecek 100 kurutulmuş üründen oluşan bir hazineyle tanıştıracağız.

Kurutma, gıdayı muhafaza etmekten daha fazlasıdır; daha sağlıklı, daha lezzetli ve daha sürdürülebilir beslenmeye yol açabilecek bir yolculuktur. Kurutucunuzun gücüyle katkı maddesi ve koruyucu madde içermeyen atıştırmalıklar, çeşniler ve malzemeler oluşturabilirsiniz. Dehidrasyonun ortaya çıkarabileceği cesur ve konsantre tatlara hayran kalacaksınız.

Akdeniz lezzetleriyle dolu güneşte kurutulmuş domateslerden, sizi tropik bölgelere taşıyan leziz kurutulmuş mango dilimlerine kadar bu kitap her şeyi kapsıyor. Mutfakta başarılı olmanızı sağlayacak temel ipuçları ve teknikleri sunarak kurutma sanatını keşfederken bize katılın. Doğru ekipmanı seçmeyi, malzemelerinizi hazırlamayı ve kurutulmuş hazinelerinizi saklamayı tartışacağız. İster deneyimli bir kurutucu uzmanı olun ister yeni başlıyor olun, bu kitap bu mutfak macerasında güvenilir arkadaşınızdır.

Susuz kreasyonların lezzetleriyle kilerinizi canlandırırken, lezzet ve keşif yolculuğuna çıkmaya hazırlanın. Bu lezzetli keşifte size rehberlik etmek, yemeklerinize yeni bir canlılık, besleyicilik ve rahatlık düzeyi katmanıza yardımcı olmak için buradayız. Başlayalım!

Cipsler ve Krakerler

1.Tuzlu Keten Cips

Yapar: 32 CHIP

İÇİNDEKİLER:
1 su bardağı doğranmış kereviz
1¾ bardak keten yemeği
2 yemek kaşığı kurutulmuş kekik
1½ bardak filtrelenmiş su
1 çay kaşığı kaba deniz tuzu

TALİMATLAR
Kereviz, keten, kekik ve suyu yüksek hızlı bir karıştırıcıya yerleştirin. Pürüzsüz olana kadar karıştır.
Bir adet astarlı 14 inç karelik kurutucu tepsisine eşit şekilde yayın. Deniz tuzunu serpin.
104°F'ta 5 ila 6 saat boyunca kurutun. Dört yatay ve dikey sıraya çevirin ve puanlayın. Daha sonra her kareyi çapraz olarak ikiye bölerek iki üçgen parça halinde puanlayın. Kuruyana ve gevrekleşene kadar 6 ila 8 saat daha kurutun.

2.Chipotle-Kale Cipsleri

İÇİNDEKİLER:

6 bardak ısırık büyüklüğünde lahana parçaları, sıkıca paketlenmiş (1 demet)
3 yemek kaşığı agav şurubu
2 yemek kaşığı sızma zeytinyağı
½ çay kaşığı deniz tuzu
½ ila 1 çay kaşığı toz chipotle

TALİMATLAR

Tüm malzemeleri geniş bir karıştırma kabına koyun, tadına göre chipotle'u ekleyin ve iyice karıştırın.
İki adet 14 inç karelik kurutucu tepsisine yayın ve kuruyana kadar 4 ila 6 saat boyunca 104°F'ta kurutun.

3.Cheddar-Kale Cipsi

İÇİNDEKİLER:

1 bardak kırmızı dolmalık biber, çekirdeği çıkarılmış ve doğranmış
1 su bardağı kaju
2 yemek kaşığı besin mayası
Gerektiğinde 2 ila 4 yemek kaşığı su
2 yemek kaşığı agav şurubu
1 yemek kaşığı zeytinyağı
½ çay kaşığı deniz tuzu
6 bardak ısırık büyüklüğünde lahana parçaları, sıkıca paketlenmiş (1 demet)

TALİMATLAR

Kırmızı dolmalık biberleri, ardından lahana hariç kalan malzemeleri bir karıştırıcıya yerleştirin. Sadece kalın bir krema haline gelmeye yetecek kadar su kullanarak karıştırın.

Büyük bir karıştırma kabında, biber karışımını lahanayla birlikte eşit şekilde kaplayın.

Lahanayı iki adet 14 inç karelik kurutucu tepsisine yayın ve 104°F'ta 8 ila 10 saat boyunca kurutun.

4.Temel Keten Kraker

Yapım sayısı: 9 KRAKATÖR

İÇİNDEKİLER:
2 su bardağı keten tohumu
2 su bardağı filtrelenmiş su
1 çay kaşığı deniz tuzu veya tadı (isteğe bağlı)

TALİMATLAR
Bir kapta keten tohumlarını su ve tuzla karıştırın. Hamurun yapışkan hale geldiğini ve tohumların bir hamur oluşturmak için birbirine bağlanmaya başladığını fark edeceksiniz. Hamur yayılmayacak kadar kalınlaşırsa biraz daha su ekleyin, ancak hamurun sulu olmasını istemezsiniz.
Hamuru 14 inç karelik astarlı bir kurutucu tepsisine eşit şekilde yayın (tepsiyi parşömen kağıdıyla hizalayın). Hamur ⅛ inç kalınlığında olmalıdır. 104°F'ta 5 ila 6 saat boyunca kurutun. Krakerlerinizi doğrudan ızgara tepsisine çevirin, ardından astarı veya kağıdı soyun. Bir tereyağı bıçağı kullanarak, kraker hamurunuzu dokuz kareye bölmek için hamurunuza çizgiler çizin. 3 ila 4 saat daha veya tamamen kuruyup gevrekleşene kadar suyunu alın, ardından tepsiden çıkarın ve dilimler halinde kırmak için çentik çizgileri boyunca bükün.

5.Domates Keten Kraker

Yapım sayısı: 9 KRAKATÖR

İÇİNDEKİLER:
2 su bardağı keten tohumu
2 bardak domates
1 çay kaşığı kıyılmış sarımsak
1 bardak su veya gerektiği kadar

TALİMATLAR
Tüm malzemeleri bir mutfak robotuna yerleştirin ve iyice karıştırın, sürülebilir bir hamur kıvamı elde etmek için yeterli miktarda su ekleyin. Meyilliyi astarlı 14 inç karelik kurutucu tepsisine eşit şekilde yayın. Hamur ⅛ inç kalınlığında olmalıdır.
104°F'ta 5 ila 6 saat boyunca kurutun. Krakerlerinizi doğrudan ızgara tepsisine çevirin ve astarı soyun. Bir tereyağı bıçağı kullanarak, krakerinizi dokuz kareye bölmek için hamurunuzda çizgiler çizin. 3 ila 4 saat daha veya tamamen kuruyup gevrekleşene kadar suyunu alın, ardından tepsiden çıkarın ve dilimler halinde kırmak için çentik çizgileri boyunca bükün.

CEVİZ, TOHUM VE TAHILLAR

6.Kuru Fasulye

İÇİNDEKİLER:
- Taze fasulye, herhangi biri; 1 kutu veya 16 oz

TALİMATLAR:
a) Fasulyeleri bir veya iki saat suda bekletin ve kabuklarını çıkarın. Konserve fasulye alıyorsanız bu adımı atlayın.
b) Fasulyeleri haşlayarak önceden ısıtın ve bir dakika kaynatıp suyunu boşaltın.
c) Fasulyeleri 125 derecede 9 ila 13 saat kurutun.

7.Teksas Biber Fıstığı

İÇİNDEKİLER:

- Kekik, öğütülmüş; 1/8 çay kaşığı
- Kimyon, öğütülmüş; 1 çay kaşığı
- Yer fıstığı, tuzsuz ve kavrulmuş; 1 kavanoz; 16 Oz.
- Biber tozu; 1 ½ çay kaşığı
- Kırmızı biber; ½ çay kaşığı
- Su; ½ bardak
- Acı biber sosu; ¼ bardak

TALİMATLAR:

a) Tüm malzemeleri kasede birleştirin (fındıklar bir gece suda bekletilmeli ve süzülmelidir).
b) Bunları kurutucu tabakasına yerleştirin ve 145 derecede 3 ila 5 saat boyunca işleyin.

8.Akçaağaç Chipotle Şekerlenmiş Ceviz

İÇİNDEKİLER:
- Çiğ ceviz, 2 su bardağı
- Tarçın; ½ çay kaşığı
- Akçaağaç şekeri; ince öğütülmüş; ½ bardak
- Tuz
- Chipotle tozu; ½ çay kaşığı
- Su; 3 ila 4 bardak

TALİMATLAR:
a) Cevizleri bir kapta 3-4 saat bekletin. Suyu boşaltın ve yıkayın. Başka bir kase alın ve cevizleri ve kalan tüm malzemeleri karıştırın.
b) Kurutucu tepsisine iyi kaplanmış cevizleri eşit bir tabaka halinde yayın ve 115 derecede 10 saat boyunca işleyin.
c) Onları çıtır yapın.

9.Zencefil Şekerli Ceviz

2 fincan

İÇİNDEKİLER:
- ¼ bardak agav şurubu
- 1 çay kaşığı deniz tuzu
- 1 yemek kaşığı rendelenmiş taze zencefil veya 1 çay kaşığı öğütülmüş
- 2 su bardağı yarım ceviz

TALİMATLAR
a) Şurubu, tuzu ve zencefili bir karıştırma kabına koyun ve iyice karıştırın. Cevizleri ekleyin ve iyice kaplayacak şekilde karıştırın.
b) Cevizleri 14 inç karelik astarlı bir kurutucu tepsisine yayın ve kuruyana kadar 104°F'ta 2 ila 4 saat boyunca Kurutun.

10.Meyve izi karışımı

İÇİNDEKİLER:
- Ceviz; 1 fincan
- Kurutulmuş meyveler; 1 bardak herhangi biri ve doğranmış
- Kakule ½ çay kaşığı
- Badem; 1 fincan
- Goji dutları; ½ bardak
- Kenevir tohumu; 2 yemek kaşığı
- Deglet hurmaları, çekirdekleri çıkarılmış; ½ bardak
- Tarçın; ½ çay kaşığı
- Kırmızı biber; 1 tutam
- Çiğ Dut; ½ bardak

TALİMATLAR:
a) Kurutulmamışsa önce tüm meyveleri kurutun ve kuruyemişleri en az 6 saat suda bekletip doğrayın.
b) Meyveleri ve kuruyemişleri kurutucu tepsisine yayın ve 145 derecede 2 ila 3 saat kurutun.
c) İşiniz bittiğinde bunları çıkarın, hepsini karıştırın ve ağzı kapatılabilir bir torba veya cam kavanozda saklayın.

11. Tamari Bademleri

2 fincan

İÇİNDEKİLER:
- ¼ bardak Nama Shoyu veya Bragg
- Sıvı Aminolar
- 1 yemek kaşığı soğan tozu
- ½ çay kaşığı deniz tuzu
- 2 su bardağı badem

TALİMATLAR

a) Nama Shoyu'yu, soğan tozunu ve tuzu bir karıştırma kabına koyun ve iyice karıştırın. Bademleri ekleyin ve iyice kaplayacak şekilde karıştırın.

b) Bademleri 14 inç karelik astarlı bir kurutucu tepsisine yayın ve 104°F'ta 2 ila 3 saat veya kuruyana kadar kurutun.

12. Kakaolu kurutulmuş badem

İÇİNDEKİLER:
- Kakao tozu; 2 yemek kaşığı
- Çiğ badem; 2 bardak
- Tuz
- Hindistancevizi yağı; 1 ½ yemek kaşığı
- Sabır otu; ¼ bardak

TALİMATLAR:

a) Bademleri bir gece tuzlu suda bekletin, suyunu süzün ve havayla kurutun.

b) Diğer tüm malzemeleri eritilmiş hindistancevizi yağıyla karıştırın ve havayla kurutulmuş bademin üzerine dökün. Bunları iyice atın.

c) Bu kaplanmış bademleri bir kurutucu tepsisine tek bir tepsiye yayın ve 125 derecede 8 ila 12 saat boyunca işlemden geçirin.

13.Nori Krutonları

Yapım: 9 Porsiyon

İÇİNDEKİLER:
- 1/3 su bardağı kurutulmuş karabuğday kabuğu çıkarılmış tane
- 1 bardak keten yemeği
- 2 su bardağı filtrelenmiş su
- ¼ bardak doğranmış nori veya laver gevreği
- ½ su bardağı kahverengi keten tohumu

TALİMATLAR

a) Karabuğdayı toz haline getirin; bir kenara koyun.
b) Keteni ve suyu yüksek hızlı bir karıştırıcıya yerleştirin ve iyice karıştırmak için karıştırın. Karabuğday tozunu ekleyin; iyice karışması için karıştırın. Nori ve bütün keten tohumlarını ekleyin. Karıştırmamaya dikkat ederek karıştırmak için hafifçe vurun. Nori ve keten tohumlarını bütün olarak tutmak istiyorsunuz.
c) 14 inç karelik astarlı bir kurutucu tepsisine eşit şekilde yayın.
ç) 104°F'de 7 saat boyunca kurutun. Çevirin, astarı soyun ve ½ inç karelere bölün. İstediğiniz kıvama gelinceye kadar 6 ila 8 saat daha kurutun.

14.Yapışkan Akçaağaç-Biber Cevizleri

2 fincan

İÇİNDEKİLER:
- ¼ bardak akçaağaç veya agav şurubu
- 1 çay kaşığı deniz tuzu
- ½ çay kaşığı kırmızı biber
- 2 bardak cevizli yarım

TALİMATLAR
a) Şurubu, tuzu ve kırmızı biberi bir karıştırma kabına koyun ve iyice karıştırın.
b) Cevizleri ekleyin ve iyice kaplayacak şekilde karıştırın.
c) Cevizleri 14 inç karelik astarlı bir kurutucu tepsisine yayın ve kuruyana kadar 104°F'ta 2 ila 4 saat boyunca Kurutun.

15. Akçaağaç Baharatlı Ceviz

İÇİNDEKİLER:

- su
- Tarçın; 3 çay kaşığı
- Akçaağaç şurubu; ½ bardak
- Küçük hindistan cevizi; 1/8 çay kaşığı
- Pekan yarısı; 3 bardak

TALİMATLAR:

a) Cevizleri bir gece suda bekletin, süzün, yıkayın ve havayla kurutun. İşiniz bittiğinde, her parçanın eşit şekilde kaplanması için bunları kalan malzemelerle birlikte atın.

b) Kaplanmış cevizleri kurutucu tepsisine yayın ve 105 derecede 12 ila 14 saat boyunca işleyin. 3 ay süreyle saklanabilirler.

16.Kurutulmuş Yer Fıstığı

İÇİNDEKİLER:
- Yer fıstığı; 1 torba

TALİMATLAR:
a) Fıstıkların kabuklarını çıkarın ve kurutucu tepsisine yerleştirin. İsterseniz bal veya tuz da sürebilirsiniz.
b) Kurutucu tepsiye yayıp 125 derecede çıtır oluncaya kadar işlemden geçirin.

17. Kurutulmuş Chai Macadamias

İÇİNDEKİLER:
- Himalaya tuzu; ¼ çay kaşığı
- Hindistan cevizi şekeri; 1/3 bardak
- Macadamia fıstığı; 4 bardak
- Garam masala; 2 yemek kaşığı
- Toz tarçın; 2/4 çay kaşığı
- Vanilyalı geçmiş; 2 çay kaşığı

TALİMATLAR:
a) Fıstıkları 2 saat suda bekletin. Bu arada bir kase alıp kalan diğer malzemeleri karıştırın. Bu chai tozunu oluşturur. Islatıldığında fındıkların üzerine serpin ve düzgün bir şekilde atın.
b) Bunları kurutucu tepsilerine eşit katmanlar halinde yerleştirin; 2 tepsiyi üst üste binmeden rahatlıkla dolduracaktır. 149 derecede bir saat boyunca kurutun ve sıcaklığı 16 saat boyunca 110 dereceye düşürün.
c) Saklamadan önce soğumalarını bekleyin.

18.Asya'dan İlham Alan Kuruyemişler

İÇİNDEKİLER:
- Öğütülmüş zencefil; ¼ çay kaşığı
- Su; ¼ bardak
- Susam yağı; 1 ½ çay kaşığı
- Soya sosu; 1/3 bardak
- Beş baharat tozu; ½ çay kaşığı
- Kavrulmuş fıstık; 16 ons

TALİMATLAR:
a) Tüm malzemeleri birleştirip çırpın.
b) Fındıkları ekleyip karıştırın. Bittiğinde en az 8 saat veya bir gece dinlenmeye bırakın.
c) Fazla sıvıları boşaltın ve 135 derecede 5 saat boyunca kurutucu tepsisine koyun.

19.Kurutulmuş Granola

İÇİNDEKİLER:
- Yulaf, haddelenmiş; 3 bardak
- Küçük hindistan cevizi; ¼ çay kaşığı
- Çiğ kabak çekirdeği; 1 bardak çiğ
- Ay çekirdeği; 1 bardak çiğ
- Kepekli yulaf; ¼ bardak
- Ceviz, fındık veya badem,
- Tarçın; 1 çay kaşığı
- Hindistan cevizi; 1 fincan
- Bal; ½ bardak
- Su; ½ bardak
- Hindistan cevizi yağı, eritilmiş; ½ bardak

TALİMATLAR:

a) Bal, su ve hindistancevizi yağını karıştırın ve daha sonra geri kalan malzemeleri ekleyin. Bunları kurutma tepsisine yerleştirin ve pürüzsüz bir katman oluşturacak şekilde yayın ve ¼ inçlik bir katman oluşturun.

b) 105 ila 115 derece arasında değişen bir sıcaklıkta 18 saat boyunca kurutun.

20.Kurutulmuş ve terbiye edilmiş ayçiçeği tohumları

İÇİNDEKİLER:
- Ayçiçeği tohumları, çiğ ve kabuklu; 2 bardak
- Ezilmiş kırmızı biber gevreği; ¼ çay kaşığı
- Soğan tozu; ½ çay kaşığı
- Sarımsak tozu; ½ çay kaşığı
- Soya sosu; 1 yemek kaşığı
- Zeytin yağı; 2 yemek kaşığı
- Kereviz tuzu; ½ çay kaşığı

TALİMATLAR:
a) Ayçiçeği tohumlarını bir gece önceden ıslatın, suyunu süzün ve iyice durulayın. Zeytinyağı, baharatlar ve soya sosunu karıştırıp iyice karıştırın. Tohumları alın ve karışımın içine atın.
b) Kurutucu tepsisine tohumları yerleştirin ve 105 ila 115 derece sıcaklıkta 12 ila 18 saat kurumasını bekleyin.

21.Kurutulmuş susam tohumları

İÇİNDEKİLER:
- Su; 1 fincan
- Susam tohumları, kızartılmış; ½ bardak
- Keten tohumu; ½ bardak
- Kurutulmuş kekik; ½ çay kaşığı
- Sarımsak tozu; ½ çay kaşığı
- Deniz tuzu; ½ çay kaşığı
- Siyah susam tohumları; ½ çay kaşığı

TALİMATLAR:
a) Bir kase alın ve tüm tohumları suyla birlikte karıştırın ve birleşene kadar iyice karıştırın. Dokusu pudinge benzer hale gelinceye kadar 15 dakika bekletin.

b) Bittiğinde, hamuru kurutucu tepsisine ¼ inç kalınlığında olacak şekilde dökün. Başlangıçta 8 ila 12 saat işleyin ve bu sürenin sonunda ters çevirin, 8 saat daha tekrar kurutun.

22.Kurutulmuş antep fıstığı

İÇİNDEKİLER:

- Islatılmış Antep fıstığı; 1 fincan
- Kişniş, kurutulmuş; 1 çay kaşığı
- kırmızı biber; ¼ çay kaşığı
- Akçaağaç şurubu; 2 yemek kaşığı
- Deniz tuzu; ¼ çay kaşığı
- Zencefil, öğütülmüş; ¼ çay kaşığı
- Tarçın; ¼ çay kaşığı
- Kimyon, öğütülmüş; ¼ çay kaşığı

TALİMATLAR:

a) Fındıkları bir gece suda bekletin, durulayın ve bir kenara koyun. Bir kaseye akçaağaç şurubu, kişniş, tuz, zencefil ve diğer malzemeleri ekleyip iyice karıştırın. Islatılmış antep fıstıklarını ekleyin ve baharatla kaplayın.

b) Her parçanın baharatlarla düzgün bir şekilde kaplandığından emin olarak iyice atın.

c) İşiniz bittiğinde kurutucu tepsisine yerleştirin ve 105 derecede 8 ila 10 saat kurumaya bırakın. Bunları hava geçirmez bir kapta saklayın.

23.Kabak granola barları

İÇİNDEKİLER:

- Haddelenmiş yulaf; 5 bardak
- Kabak çekirdeği; 1 fincan
- Pul pul dökülmüş hindistancevizi; ¼ bardak
- Tuz
- Tarçın; 2 çay kaşığı
- Balkabaklı turta baharatı; 1 yemek kaşığı
- Hindistancevizi yağı; 2 yemek kaşığı
- Organik kabak püresi; ½ bardak
- Keten tohumu; ¼ bardak
- Organik kabak; ½ bardak
- Badem; ½ bardak
- Cevizler; ½ bardak
- Altın kuru üzüm; ½ bardak

TALİMATLAR:

a) Yulaf, kabak çekirdeği, keten tohumu, hindistan cevizi, badem, ceviz, baharat ve tuzu bir kasede karıştırın ve iyice karıştırın.

b) Başka bir kapta akçaağaç şurubu, hindistancevizi yağı ve kabak püresini karıştırıp çırpın. ikisini birleştirip iyice çırpın.

c) Kurutucu tepsisine bu karışımı hava kabarcığı kalmayacak şekilde eşit şekilde dökün ve 115 derecede 8 ila 12 saat boyunca işlemesine izin verin.

PİZZA VE KİŞ KABUK

24. Karabuğdaylı Pizza Kabuğu

Yapım: 9 Porsiyon

İÇİNDEKİLER:
- ½ su bardağı kurutulmuş Karabuğday Çıtırları
- 3 su bardağı doğranmış kereviz
- 2 yemek kaşığı zeytinyağı
- ½ çay kaşığı deniz tuzu
- 1 bardak su
- 1 bardak keten yemeği

TALİMATLAR
a) Karabuğday Çıtırlarını toz haline getirin ve bir kenara koyun.
b) Kerevizi, zeytinyağını, tuzu ve suyu yüksek hızlı bir karıştırıcıya yerleştirin. Pürüzsüz olana kadar karıştır. Keten ununu ekleyin ve iyice karıştırmak için karıştırın. Karabuğday tozunu ekleyin ve iyice karıştırmak için karıştırın.
c) Hamuru 14 inç karelik astarlı bir kurutucu tepsisine alın. Hamuru tüm yüzeye eşit şekilde yayın.
ç) 104°F'ta 10 saat boyunca kurutun. Dairesel bir pasta veya dokuz dilim olarak istediğiniz şekli çevirin ve puanlayın. Kabuk istediğiniz kıvama gelinceye kadar 4 ila 6 saat daha kurutun.

25. Domatesli Pizza Kabuğu

Yapım: 9 Porsiyon

İÇİNDEKİLER:
- ½ bardak keten yemeği
- 1½ su bardağı çekirdekleri çıkarılmış ve doğranmış taze domates
- ½ çay kaşığı deniz tuzu
- 1 su bardağı filtrelenmiş su
- 1 su bardağı bütün keten tohumu

TALİMATLAR

a) Keten küspesini, domatesi, tuzu ve suyu yüksek hızlı bir karıştırıcıya yerleştirin. Pürüzsüz olana kadar karıştır. Keten tohumunun tamamını ekleyin ve karıştırmak için hafifçe vurun.

b) Meyilliyi astarlı 14 inç karelik kurutucu tepsisine eşit şekilde yayın.

c) 104°F'ta 6 ila 8 saat boyunca kurutun. Çevirin, dokuz dilime bölün, ardından 4 ila 6 saat daha veya kabuk istediğiniz kıvama gelinceye kadar Kurutun.

26.Kekikli Pizza Kabuğu

Yapım: 9 Porsiyon

İÇİNDEKİLER:
- 1½ su bardağı doğranmış kereviz
- 1½ bardak keten unu
- 3 yemek kaşığı kurutulmuş kekik
- 1½ bardak filtrelenmiş su

TALİMATLAR
a) Tüm malzemeleri yüksek hızlı bir karıştırıcıda karıştırın.
b) Hamuru, astarlı 14 inç karelik kurutucu tepsisine bir daire şeklinde yayın.
c) 6 saat boyunca kurutun. 6 saat daha veya kuruyana kadar çevirin ve kurutun.
ç) Sarımsak Kıyma
d) SARIMSAĞI SEVİYORUM ama fazla zamanım olmadığında soyup doğramak acı verici olabiliyor. Sarımsakları soymanın basit bir yolu, kesme tahtasına bir karanfil koymak ve bıçağın düz tarafıyla bastırarak parçalamaktır. Daha sonra derisini soyun.
e) Sarımsaklarınızı kıymak için çatal kullanın. Soyduğunuz sarımsakları kesme tahtanızın üzerine yerleştirin. Sarımsakları ezmek ve kıymak için çatalın düz kenarını bastırarak kullanın.

27.Ham Kiş Kabuğu

Yapım: 4 Porsiyon

İÇİNDEKİLER:
- 1 tarif Kabak Ekmek hamuru

TALİMATLAR
a) Hamurunuzu 9 inç çapında standart bir pasta tabağına alın. Parmaklarınızla veya ıslak kaşıkla tabana ve yanlara eşit şekilde yayın.

b) Pasta tabağını kurutucunuza yerleştirin ve 104°F'ta 12 ila 14 saat boyunca kurutun. Daha fazla yer açmak için tepsilerden birini dışarıda bırakırsanız Excalibur'a sığacaktır.

c) Alternatif olarak, doğrudan kurutucunun astarı üzerinde, pizza kabuğu veya tart şekline benzer şekilde yükseltilmiş kenarlı düz diskler oluşturabilirsiniz.

ç) Kenarların kuru olmasını istiyorsunuz, ancak kullanmadan önce ortasının yüzde 100 kuru olmaması sorun değil. Bu kabuğu aşağıdaki dolgular için temel olarak kullanın.

ET, BALIK VE JERİKLER

28.Hamburger Sığır Eti Pisliği y

İÇİNDEKİLER:
- Ketçap; ½ bardak
- Yağsız kıyma; 5 lbs.
- Vurgu baharatı; 2 ¼ çay kaşığı
- Esmer şeker; 3 çay kaşığı
- Ezilmiş kırmızı biber; ½ çay kaşığı
- Sıvı duman; ½ bardak
- İyonize olmayan tuz; 4 ½ çay kaşığı
- Worcestershire sos; ½ bardak
- Et tokmağı; 2 ¼ yemek kaşığı
- Sarımsak tozu; ¾ çay kaşığı
- Biber; ¾ yemek kaşığı

TALİMATLAR:
a) Bir kase alın ve kıyma, Worcestershire sosu, ketçap ve sıvı duman dışındaki malzemeleri ekleyin.
b) Eti sarsıntılı tabancadan işleyip diğer malzemelerle karıştırıp sos karışımına batırın.
c) Sarsıntılı şeritleri kurutucu tepsisine koyun ve 155 derecede 4 ila 8 saat boyunca işleyin.

29.Otlar ve sarımsaklı sığır eti sarsıntılı

İÇİNDEKİLER:

- Yağsız kıyma; 1 lb.
- Sarımsak karanfilleri; 6
- Taze kekik; 1 yemek kaşığı
- Tuz
- Karabiber; ½ çay kaşığı
- Maydanoz; 1 bardak doğranmış
- Soğanlar; doğranmış; ½ bardak
- Adaçayı; doğranmış ½ bardak

TALİMATLAR:

a) Sığır eti, soğan, maydanoz, kekik, tuz, karabiber, adaçayı ve sarımsağı macun kıvamına gelinceye kadar işleyin. Bittiğinde, sarsıntılı tabancadan işleyin.

b) Şeritleri fırın tepsisine yerleştirin ve 155 derecede 7 ila 8 saat boyunca işleyin.

30.Akçaağaç ve Dijon sarsıntılı

İÇİNDEKİLER:
- Saf akçaağaç şurubu; 2 yemek kaşığı
- Et; 1 lb.
- Grenli Dijon hardalı
- Tuz; ¼ çay kaşığı

TALİMATLAR:
a) Et dilimlerini kesmeden önce, sert dilimler halinde kesmek için dondurucuya koyun. Dilimlerin ¼ inçten kalın olmadığından emin olun. Bir kase alın ve akçaağaç şurubu, hardal ve tuzu ekleyin.
b) Et şeritlerini düzgün bir şekilde kaplamak için bunları atın, plastik bir torbaya koyun ve gece boyunca marine edin.
c) Fırını önceden 300 dereceye ısıtın ve etler kahverengileşinceye kadar 10 dakika pişirin.
ç) Kurutucu tepsisine mesafeli olarak yerleştirip 155 derecede 7 ila 9 saat işlemden geçirin.

31. Kurutulmuş Tavuk

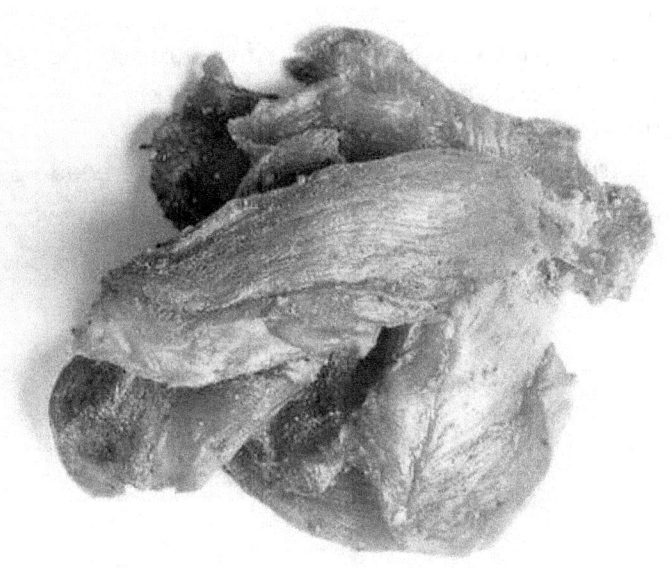

İÇİNDEKİLER:
- Tavuk göğsü; 5 lbs.

TALİMATLAR:
a) Tavuğu gece boyunca herhangi bir tarif ve basınçla marine edin
b) 12 dakika pişirin. Soğutun ve dilimler halinde kesin
c) tane yönünde.
ç) Dilimleri kurutucu tepsisine yerleştirin ve 125 derecede 12 saat boyunca işlemden geçirin.
d) Bunları hava geçirmez bir kapta saklayın.

32.Barbekü Mango Eti; sarsıntılı mango

İÇİNDEKİLER: ,

- Mango, olgunlaşmamış; 1
- Biber tozu/çipotle; ½ çay kaşığı
- Kırmızı biber, füme; ½ çay kaşığı
- Kimyon tohumu tozu; ¼ çay kaşığı
- Tuz biber; tat olarak

TALİMATLAR: ,

a) Mangoyu soyun ve küçük küpler halinde kesin. Bunları bir kaseye ekleyin ve tüm baharatlarla birlikte karıştırın. Tüm mango küplerini kurutucu tabakasının üzerine yayın ve yaklaşık 1 ila 2 saat boyunca veya 115 derece F sıcaklıkta gevrek hale gelinceye kadar kurutun.

b) Bu, oda sıcaklığında bir kapta yaklaşık bir hafta saklanabilir. Tamamen kuruması maksimum 2 gün sürecektir. İşlemi hızlandırmak istiyorsanız mangoları uzun şeritler halinde kesin, bu onların çabuk kurumasını sağlayacaktır.

c) Kiraz domates, soğan ve diğer sebzeleri ekleyerek vegan barbekünüzün bir parçası olabilir.

33.Barbekü Sarsıntılı Şeritler

İÇİNDEKİLER:
- Dana kıyma; 2 ½ lbs.
- Sarımsak tozu; ½ çay kaşığı
- Soğan tozu; ½ çay kaşığı
- Esmer şeker; 1 ½ yemek kaşığı
- Worcestershire sos; ¼ bardak
- Suyla seyreltilmiş barbekü sosu; ½ bardak

TALİMATLAR:
a) Kıymayı bir kapta malzemelerle karıştırın.
b) Suyla hafifçe seyreltilmiş barbekü sosunu ekleyin ve sığır eti şeritleriyle kaplayın.
c) Sığır eti şeritlerini sarsıntılı tabancaya sıkın ve 6 ila 12 saat boyunca 145 ila 155 derece F sıcaklıktaki kurutucuya yerleştirin.

34.Worcestershire Soslu Kurutulmuş Dana Eti

İÇİNDEKİLER:
- Yağsız et dilimlenmiş; 2 lbs.
- Soya sosu; ¼ bardak
- Acı sos; 1 çay kaşığı
- Worcestershire sos; 1 çay kaşığı
- Soğan tozu; ¼ çay kaşığı
- Sarımsak tozu; ¼ çay kaşığı
- Kırmızı biber; ¼ çay kaşığı
- Sıvı duman; 1 çay kaşığı
- Biber; ¼ çay kaşığı

TALİMATLAR:
a) Et şeritleri ¼ inç kalınlığında kesilmeli ve tüm malzemelerle eşit şekilde kaplanmalıdır. Bu marine edilmiş dana şeritlerini bir gece buzdolabında bekletin.
b) Kurutucuda sıcaklığı 6 ve 6 saat boyunca 145 ila 155 dereceye ayarlayın.

35.Portakallı dana eti

İÇİNDEKİLER:
- Yağsız dana eti, yağı kesilmiş; 3 lbs.
- Turuncu; 2 soyulmuş, 1 kabuğu rendesi
- Soya sosu; 3 yemek kaşığı
- Pirinç sirkesi; 3 yemek kaşığı
- Şeker; 2 yemek kaşığı
- Susam yağı; 3 yemek kaşığı
- Kavrulmuş susam yağı; 1 ½ yemek kaşığı
- Asya biber sarımsak ezmesi; 1 çay kaşığı
- Taze zencefil, rendelenmiş; 2 yemek kaşığı

TALİMATLAR:
a) Blenderi alın ve içindeki baharatları harmanlayın, iyice karıştırın. Sığır eti yarım santim kalınlığında dilimler halinde kesin ve sığır eti ile karıştırın, bir gece buzdolabında marine edin.

b) Ertesi gün eti çıkarıp normal oda sıcaklığına getirin ve ardından tek kat halinde kurutucu tepsisine yerleştirin.

c) Kurutucuyu arada çevirerek 6 - 6 saat boyunca 145 ila 160 derece F'de açın.

36.Pastırmalı Sarsıntılı

İÇİNDEKİLER:
- Yağsız sığır eti; 3 lbs.
- Soya sosu; ½ bardak
- Esmer şeker; ¼ bardak
- Worcestershire sos; ½ bardak
- Limon suyu; 1 yemek kaşığı
- Hardal tohumu; 1 yemek kaşığı
- Kişniş tohumu; 2 yemek kaşığı
- Kırmızı biber; ½ çay kaşığı
- İri biber tohumları; 2 yemek kaşığı

TALİMATLAR:
a) Yağsız sığır etini ¼ inç kalınlığında şeritler halinde dilimler halinde kesin. Tohumlar hariç tüm malzemeleri karıştırın. Karışımı etin üzerine dökün ve bir gece buzdolabında bekletin.
b) Bittiğinde, önce oda sıcaklığına getirin ve kurutucu tepsisine düzgün bir şekilde yerleştirin ve üzerine tohumları serpin. 145 ila 155 derecede 6-6 saat dehidrasyona bırakın.

37.Teriyaki soslu Somon Jerky

İÇİNDEKİLER:
- Somon, kemiksiz; 1 ½ lb.
- Teriyaki sosu; ¼ bardak
- Soya sosu; ¼ bardak
- Akçaağaç şurubu; 1 yemek kaşığı
- Dijon hardalı; 1 çay kaşığı
- Sıkılmış kireç; 1
- Karabiber; ½ çay kaşığı

TALİMATLAR:
a) İşte bir ipucu: Somonu dilimlemeden önce neredeyse 1 saat boyunca dondurun. Bir kase alıp tüm baharatları karıştırıp iyice çırpın.
b) Somon dilimlerini karışıma batırın ve 3 saat bekletin. Fazla sıvıyı silkeleyin ve kurutucu tepsisine koyun.
c) Somonu kurutucunuzda kurutun ve 10 ila 12 saat boyunca 155 derece F'ye yerleştirin.

38.Füme Meksika Sarsıntılı

İÇİNDEKİLER:
- Sığır eti, yağı kesilmiş; 2 lbs.
- Soya sosu; ½ bardak
- Taze limon; 1 fincan
- Meksika birası; 1 fincan
- Biber tozu; 1 çay kaşığı
- Adobo soslu biber; 1-2 kutu

TALİMATLAR:
a) Dana eti dışındaki malzemeleri bir kapta mutfak robotunda karıştırıp pürüzsüz hale getirin. Karışımı etin üzerine dökün ve buzdolabında 6 saat marine edin.

b) Oda sıcaklığına getirin ve şeritleri ayrı ayrı kurutucu tepsisine tek kat halinde yerleştirin. 145 ila 160 derecede 6-6 saat işlemesini bekleyin.

39. Kırmızı biber gevreği ile hindi sarsıntısı

İÇİNDEKİLER:
- Derisiz ve kemiksiz Türkiye; 2 lbs.
- Esmer şeker; 3 yemek kaşığı
- Kıyılmış sarımsak; 2 çay kaşığı
- Kırmızı pul biber; 2 çay kaşığı
- Soya sosu; ¾ fincan

TALİMATLAR:
a) Hindiyi dilimlemeden önce donmuş olduğundan emin olun ve ardından ¼ inç kalınlığında dilimler halinde şeritler halinde kesin. Malzemeleri bir kasede karıştırın ve şeritleri kaplanıp marine edilecek şekilde içine daldırın.

b) Marine edilmiş hindiyi streçle örtün ve bir gece buzdolabında bekletin. Saat 9'da dilimleri kurutucu tepsisine yerleştirin ve 155 derecede 8 ila 6 saat kurumaya bırakın.

40. Harissa aromalı Sığır Eti

İÇİNDEKİLER:
- Yağsız dana eti, yuvarlak göz; 3 lbs.
- Esmer şeker; 1 yemek kaşığı
- Tuz
- Kimyon; 1 yemek kaşığı
- Füme Kırmızı Biber; 1 yemek kaşığı
- Kişniş; 1 yemek kaşığı
- Sarımsak tozu; 1 yemek kaşığı
- Soğan tozu; 2 yemek kaşığı
- Kırmızı biber; ¼ çay kaşığı
- Biber tozu; 1 yemek kaşığı

TALİMATLAR:
a) Göz yuvarlak sığır etini ¼ inçten fazla olmayacak şekilde kalın şeritler halinde kesin. Malzemeleri kilitli bir torbada karıştırın, iyice çalkalayın ve dana şeritlerini ekleyin. Gece boyunca buzdolabında bırakın.

b) Sığır eti şeridini oda sıcaklığına getirin ve şeritleri kurutucu tepsisine yerleştirin ve 145 ila 155 derecede 6 ve 6 saat kurumaya bırakın.

41.Tatlı ve Baharatlı sığır eti sarsıntılı

İÇİNDEKİLER:

- Geyik eti veya sığır eti; 2 lbs.
- Sriracha sosu; 1 çay kaşığı.
- Soya sosu; 1 çay kaşığı
- Limon suyu; 1 yemek kaşığı
- Kıyılmış sarımsak; 1 yemek kaşığı
- Soya sosu; ½ bardak
- Worcestershire sos; ¼ bardak
- Esmer şeker; ½ bardak
- Ananas suyu; ¼
- Karabiber; 1 yemek kaşığı

TALİMATLAR:

a) Dondurulmuş et veya geyik etini ¼ inç kalınlığında parçalar halinde dilimleyin. Tüm malzemeleri birleştirin, ardından şeritleri sosa kaplayın, üzerini örtün ve buzdolabına koyun.

b) Sığır eti veya geyik eti dilimlerini kurutucu tepsilerine yerleştirin ve 145 ila 155 derecede, yaklaşık altı ila altı saatte kurutun.

42.Worcestershire terbiyeli kurutulmuş sığır eti

İÇİNDEKİLER:
- Yağsız sığır eti; 2 lbs.
- Bal; 3 yemek kaşığı
- Limon suyu; 1 çay kaşığı
- Kırmızı biber gevreği; 1 yemek kaşığı
- Teriyaki sosu; 1 fincan
- Soğan tozu; 2 çay kaşığı
- Sarımsak tozu; 2 çay kaşığı
- Öğütülmüş zencefil; 1 çay kaşığı
- Kırmızı biber; 1 yemek kaşığı
- Worcestershire sos; 1 fincan

TALİMATLAR:
a) Şeritleri yarım santim kalınlığında dilimleyin.
b) Malzemeleri birleştirin ve eti bu karışımla marine edin.
c) Örtün ve gece boyunca buzdolabına koyun.
ç) Sığır eti dilimlerini kurutucu tepsilerine yayın ve 145 ila 155 derecede 6 ila 8 saat kurutun.

43. Sarımsaklı Dana Eti

İÇİNDEKİLER:
- İnce dilimlenmiş sığır eti; 2 lbs.
- Soya sosu; ½ bardak
- Worcestershire sos; 3 yemek kaşığı
- kola kutusu; 1
- Ezilmiş sarımsak; 7 karanfil
- Kırmızı acı sos; 2 çay kaşığı
- Taze limon suyu; 1 çay kaşığı
- Ketçap; 2 yemek kaşığı

TALİMATLAR:
a) Malzemeleri birleştirin ve geniş bir kapta marine edin. Eti kilitli torbaya koyun ve karışımı dökün. 4 ila 8 saat buzdolabında bekletin.
b) Bunları 155 derece F sıcaklıkta 6 ila 8 saat boyunca tek bir katman halinde kurutma tepsisine yerleştirin.

44. Domuz eti sarsıntılı ve chipotle sosu

İÇİNDEKİLER:
- Salça; 1 yemek kaşığı
- Chipotle sosu; 7 oz.
- Tuz; 1 çay kaşığı
- Şeker; 1 çay kaşığı
- Dilimlenmiş domuz eti; 1 lb.

TALİMATLAR:
a) Domates salçasını diğer malzemelerle karıştırıp hepsini kilitli poşete koyun. 12 saat boyunca buzdolabında saklayın. Bittiğinde, 6 saat boyunca 159 derece sıcaklıktaki kurutucu tepsisine yerleştirin.
b) Bunu güneş ışığından uzakta saklamayı unutmayın.

45.Sığır eti Bulgogi sarsıntılı

İÇİNDEKİLER:
- Sığır eti yuvarlak ve dilimlenmiş; 2 lbs.
- Esmer şeker; 2 yemek kaşığı
- Soya sosu; 4 yemek kaşığı
- Sarımsak tozu; 1 yemek kaşığı
- Susam yağı; 1 yemek kaşığı
- Tuz

TALİMATLAR:
a) Sığır eti dilimlerini 5 mm kalınlığında kesin. Sığır eti fermuarlı kilide veya plastik bir torbaya koyun. Diğer malzemeleri kasede karıştırın ve daha sonra plastik poşete ekleyin ve 12 saat buzdolabında saklayın.
b) Bittiğinde fazla turşuyu çıkarın ve sığır etini 165 derecelik kurutucu tepsisine koyun ve 6 saat bekletin.

46. Kuzu Sarsıntılı

İÇİNDEKİLER:
- Biber
- Dilimlenmiş kuzu budu; 3 lbs.
- Sarımsak tozu; 1 çay kaşığı
- Worcestershire sos; 3 yemek kaşığı
- Soya sosu; ¼ bardak
- Soğan tozu; 1 ½ çay kaşığı
- Kekik; 1 yemek kaşığı

TALİMATLAR:
a) Plastik bir poşet alın, tüm malzemeleri karıştırın ve plastik kapaklı bir poşete koyun. 13 saat boyunca buzdolabına koyun.
b) Kurutucuyu 6 saat boyunca 145 dereceye ayarlayın ve kurutucu tepsisine yerleştirin.

47.Otlu Füme Pastırma Sarsıntısı

İÇİNDEKİLER:
- füme pastırma; 10 dilim
- Rezene tohumları, öğütülmüş; 1 çay kaşığı
- Adaçayı, kurutulmuş; ¼ çay kaşığı
- Sarımsak tozu; 1/8 çay kaşığı
- Soğan tozu; 1/8 çay kaşığı
- Kekik, kurutulmuş; ¼ çay kaşığı
- Esmer şeker; 1 çay kaşığı
- Kırmızı pul biber; ¼ çay kaşığı
- Karabiber gevreği; 1/8 çay kaşığı

TALİMATLAR:
a) Pastırma dilimlerinin üç kısmını yapın. Bir kase alın ve içindeki tüm malzemeleri karıştırın ve iyice çırpın. Bittiğinde pastırmanın üzerine baharat serpin.

b) 165 derece F sıcaklıktaki bir kurutucuda kurumasını ve gevrekleşmesini sağlayın.

48.Limonlu Balık Sarsıntılı

İÇİNDEKİLER:
- Dilimlenmiş morina balığı filetosu; 1 lb.
- Limon kabuğu rendesi; 1 çay kaşığı
- Limon suyu; 1 yemek kaşığı
- Dereotu; 1 çay kaşığı
- Rendelenmiş sarımsak dişleri; 1
- Zeytin yağı; 2 yemek kaşığı
- Tuz

TALİMATLAR:
a) Balıkları ve diğer malzemeleri kapalı poşete koyun. İyice çalkalayın ve 4 saat buzdolabında saklayın. Karışımın balığın her yerine eşit şekilde kaplandığından emin olun.
b) Balıklardaki fazla karışımı silkeleyin ve kurutucu tepsisine yerleştirerek kurumasını bekleyin. Sıcaklığı 8 saat boyunca 145 F'ye ayarlayın.
c) Bu 2 haftaya kadar saklanabilir.

49.Somon Sarsıntılı

İÇİNDEKİLER:
- Somon, dilimlenmiş, 1 ¼ lbs.
- Limon suyu; 1 yemek kaşığı
- Biber
- Şeker kamışı; 1 yemek kaşığı
- Soya sosu; ¼ bardak

TALİMATLAR:
a) Kapalı bir plastik torba alın ve tüm malzemeleri ve somon dilimlerini yerleştirin. Bunları ayrı ayrı karıştırın ve balığın baharatlarla iyice kaplandığından emin olarak torbaya ekleyin.
b) Marine edilmiş somonu 4 saat buzdolabına koyun. Bu arada 145 derece F'ye ayarlayın ve 4 saat boyunca kurumasını bekleyin.

50.Geyik eti sarsıntılı

İÇİNDEKİLER:
- Geyik eti, kızartma ve gümüş derisinin kesilmesi gerekir; 1 lb.
- Tuz ve biber
- Bal; 1 yemek kaşığı
- Soğan tozu; ¼ çay kaşığı
- Hindistan cevizi aminosu; 4 yemek kaşığı
- Kırmızı pul biber; ¼ çay kaşığı
- Worcestershire sos; 4 yemek kaşığı

TALİMATLAR:
a) Geyik eti dilimler halinde kesin ve bir kaseye koyun. Başka bir kapta kalan malzemeleri karıştırıp iyice karıştırıp dilimlerin üzerine dökün. Eti bir gün buzdolabında bekletin ve geyik etinin lezzet açısından zengin olmasını sağlamak için her üç ila dört saatte bir çevirmeye devam edin.

b) 160 derece F sıcaklıktaki bir kurutucuda geyik eti dilimlerinin 4 saat boyunca kurumasını bekleyin. Bu, kapalı bir torbada yaklaşık 3 ay, kilitli bir torbada ise 2 haftaya kadar saklanabilir.

51.Cajun Domuz Sarsıntısı

İÇİNDEKİLER:
- Domuz eti bonfile; 2 lbs.
- Eski defne baharatı; 1 yemek kaşığı
- Cajun Baharatı; 2 çay kaşığı
- Worcestershire sos; ¾ bardak
- Soya sosu; ½ bardak
- Teriyaki sosu; 1/3 bardak
- Su; ½ bardak
- Biber tozu; 1 yemek kaşığı

TALİMATLAR:
a) Dilimleri kesmeden önce domuz etini bir saat buzdolabına koyun ve ardından ¼ inç dilimleyin. Bir kapta tüm malzemeleri karıştırıp iyice çalkalayın. Kapatılabilir bir torba alın ve içine marine edilmiş domuz eti ekleyin ve buzdolabında bekletin.

b) Bir mutfak havlusu yardımıyla dilimleri hafifçe vurarak fazla turşuyu ıslatın. Dilimleri üst üste gelmeyecek şekilde kurutucunun üzerine yerleştirin. 172 derecede 4 saat pişmeye bırakın.

52.Sriracha Akçaağaç sığır eti sarsıntılı

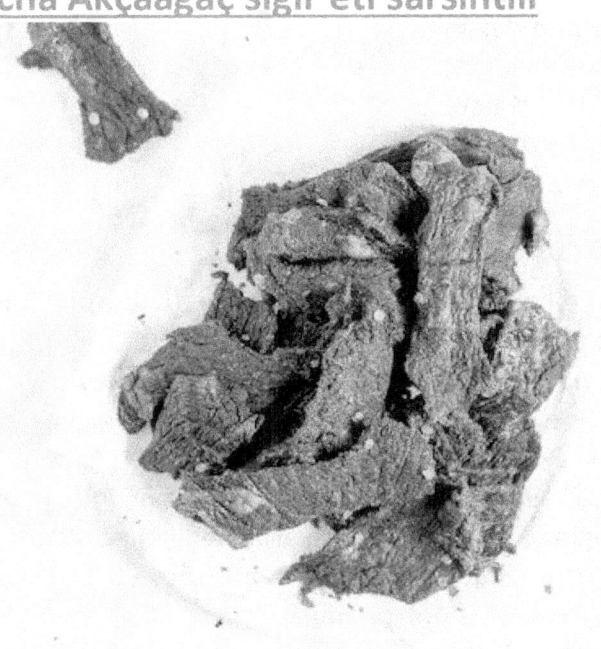

İÇİNDEKİLER:
- Sığır eti, dana bonfile; 1 lb.
- Soya sosu; ½ bardak
- Akçaağaç şurubu; ¼ bardak
- Sriracha acı sosu; 1 yemek kaşığı
- Karabiber; ¼ çay kaşığı

TALİMATLAR:
a) Sıkı kesim için dilimlemeden önce sığır etini dondurun, ¼ inç kalınlığında olduğundan emin olun.
b) Bir kaseye tüm malzemeleri ve dana dilimlerini ekleyip iyice karıştırın.
c) Kapatılabilir bir torba alın ve hepsini içine koyun ve gece boyunca veya en az 10 saat boyunca marine edin. Eğer ağzı kapatılabilir bir torbanız yoksa kasenin üzerini streçle kapatabilirsiniz.
ç) Marine edildiğinde fazla karışımı çıkarın ve dilimleri kurutucu tepsisine yerleştirin. Sıcaklığı 172'ye ayarlayın ve 6 ila 8 saat boyunca işleyin, dört saat sonra kontrol edin.
d) Bittiğinde üzerini folyoyla kapladıktan sonra fırında 275 derecede 6 dakika pişirin.

53.Mesquite Füme sarsıntılı

İÇİNDEKİLER:
- Sığır eti, göz yuvarlak; 1 lb.
- Soya sosu; 1 fincan
- Tuz
- Kıyılmış sarımsak karanfilleri; 3
- Kırmızı biber, öğütülmüş; 1 yemek kaşığı
- Sıvı duman konsantre; 2 yemek kaşığı
- Paketlenmiş kahverengi şeker; ½ bardak

TALİMATLAR:
a) Dana etini yarım santim kalınlığında dilimleyin. Önce dondurduğunuzdan emin olun, bu sığır etinin kolayca kesilmesini sağlar. Malzemeleri ve dana etini bir kasede karıştırın ve ağzı kapatılabilir bir torbaya aktarın. Gece boyunca marine edin.

b) Parşömen kağıdını kurutucu tepsisine yerleştirin ve 165 derecede 7 ila 9 saat boyunca işlemesine izin verin. Şeritleri yarıya kadar çevirin.

54.Tayland usulü körili domuz eti sarsıntılı

İÇİNDEKİLER:
- Domuz eti bonfile; 1 lb.
- Tay Kırmızı Köri zmesi; 3 yemek kaşığı.
- Balık sosu; 2 yemek kaşığı
- Su; 2 yemek kaşığı
- Tuz
- Diş sarımsak; 1
- Kırmızı köri ezmesi; 3 yemek kaşığı

TALİMATLAR:
a) Dondurulmuş domuz bonfilesini alın ve ¼ inç dilimler halinde kesin. Geniş bir kaseye tüm malzemeleri ve dilimleri ekleyip iyice karıştırın. Bir gece boyunca buzdolabına, kapatılabilir bir torbaya koyun.

b) Dilimlerdeki fazla turşuyu silkeleyin ve kurutucu tepsisine tek kat halinde yerleştirin. 172 derecede 6 ila 8 saat işleyin, 3 ila 4 saat sonra dilimleri çevirin.

55. Biberli morina sarsıntılı

İÇİNDEKİLER:
- Morina filetosu; 1 lb.
- Limon suyu; 1
- Tuz
- Sarımsak tozu; 1 çay kaşığı
- Karabiber; 1 çay kaşığı
- Kırmızı biber; ½ çay kaşığı

TALİMATLAR:
a) Morina filetosunu ¼ inç kalınlığında dilimler halinde kesin ve diğer tüm malzemelerle karıştırın. En az 10 saat marine edin, daha lezzetli olması için plastik bir poşet içerisinde bir gece buzdolabında bekletebilirsiniz.

b) Fazla karışımı dilimleri sallayarak çıkarın veya bir kağıt havlu kullanarak hafifçe vurun. Bu dilimleri kurutucu tepsinize yerleştirin ve 172 derecede 6 ila 8 saat kurumasını bekleyin.

c) Uygun şekilde kuruduğunda kavanoza yerleştirin.

56.Limonlu biberli balık sarsıntılı

İÇİNDEKİLER:
- Mezgit balığı filetosu; 1 lb.
- Limon suyu ve kabuğu rendesi; 1
- Diş sarımsak; 1 kıyılmış
- Tuz
- Zeytin yağı; 2 yemek kaşığı
- Biber; 1 yemek kaşığı

TALİMATLAR:
a) Balıkları ¼ inç dilimler halinde kesin. bunun için dondurulmuş balık tercih edilir. Bir kase alın, içindeki tüm malzemeleri karıştırın ve daha sonra balık dilimlerini ekleyin. Plastik bir torbaya konularak buzdolabında bir gece bekletilir.

b) Çıkarın ve balıktaki fazla turşuyu ovalayın. Kurutucu tepsisine yerleştirin ve 275 derecede 6 ila 8 saat kurumaya bırakın.

57.Füme Tavuk Sarsıntılı

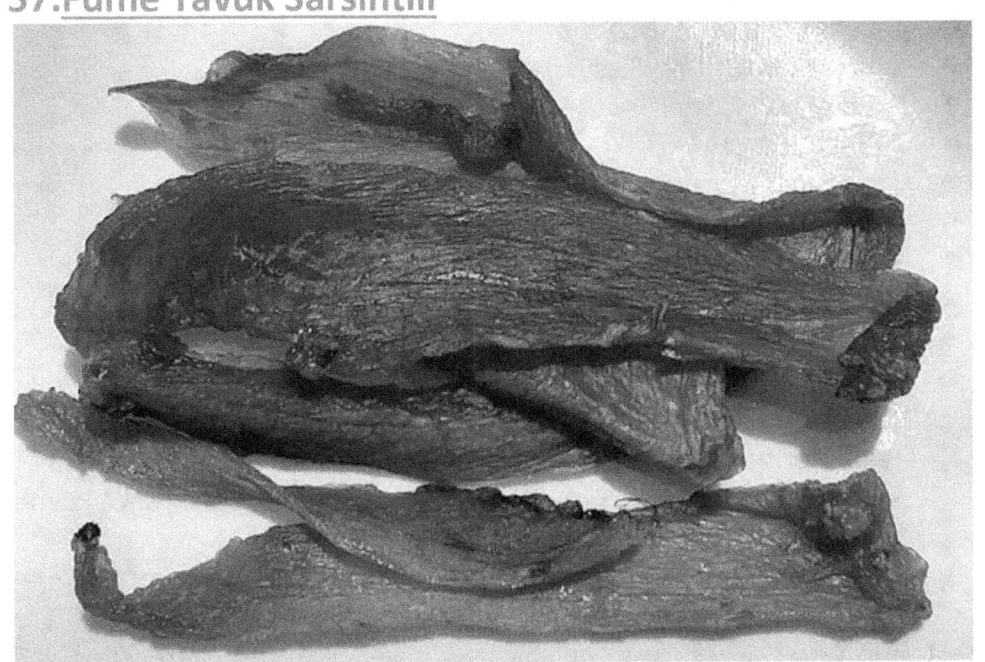

İÇİNDEKİLER:
- Tavuk göğsü ve derisiz; 1 lb.
- Sarımsak tozu; 1 çay kaşığı
- Tarçın Tozu; 1 çay kaşığı
- Füme tuz; 1 çay kaşığı
- Limon suyu: 1 çay kaşığı
- Soya sosu, düşük sodyum; ¾ fincan
- Worcestershire sos; 1 yemek kaşığı
- Karabiber; 1 çay kaşığı
- Ezilmiş kırmızı biber; 1 çay kaşığı

TALİMATLAR:
a) Tavuk şeritlerini yarım santim kalınlığında kesip diğer malzemelerle birlikte geniş bir kaseye koyun. Bunları kapatılabilir bir torbaya koyun ve turşunun buzdolabında beklemesine izin verin.
b) Marine etme işlemi bittiğinde, dışarı çıkarın ve fazla karışımı çıkarmak için mutfak havlusuyla hafifçe vurun.
c) Kurutucu tepsisine mesafeli bir şekilde yerleştirip 165 derecede 6-8 saat kadar işlem görmesini sağlayın. yarıya kadar çevirin.

58. Patlıcan sarsıntılı

İÇİNDEKİLER:
- Patlıcan; 1 lb.
- Teriyaki sosu; ½ bardak
- Su; 2 yemek kaşığı
- Kırmızı pul biber; ½ çay kaşığı

TALİMATLAR:
a) Patlıcanları da yıkayıp dilimleyin
b) kalın ne de çok ince. İsterseniz soyun, aksi halde öyle
c) gerekli değil. Tüm malzemeleri bir kapta karıştırın ve patlıcan dilimlerini uygun şekilde marine edin.
ç) Kurutucuda sıcaklığı 165 dereceye ayarlayın ve 5 ila 7 saat boyunca işleyin.

59.Sarımsaklı Sığır Soya Jerky

İÇİNDEKİLER:
- Yuvarlak sığır eti gözü; 2 lbs.
- Soya sosu; 2/4 bardak
- Worcestershire sos; 1 çay kaşığı
- Sarımsak tozu; 4 çay kaşığı
- Esmer şeker; ¼ bardak
- Tuz

TALİMATLAR:
a) Sığır eti dilimlerini kesin ve 5 mm kalınlığında dilimler halinde kesin. Pürüzsüz bir macun elde etmek için soya sosunu, Worcestershire sosunu, sarımsak tozunu, esmer şekeri vb. karıştırın. Karışıma dana dilimleri ekleyin ve plastik bir torbaya sarılı olarak bir gece buzdolabında bekleterek marine edin.

b) 165 derecede pişince kurutucu tepsisine yerleştirip 6 saat işlemden geçirin.

60.Jamaikalı sarsıntılı

İÇİNDEKİLER:
- Sığır eti, göz yuvarlak, 2 lbs.
- Tuz; 2 çay kaşığı
- Karabiber; 2 çay kaşığı
- Taze limon; ½ bardak
- Tüm türler; 1 çay kaşığı
- Diş sarımsak; 4
- Zencefil; 2 çay kaşığı
- Koyu kahverengi şeker; 2 yemek kaşığı
- Damıtılmış beyaz şarap; ½ bardak
- Füme Kırmızı Biber; ½ çay kaşığı
- Soğan tozu; 2 çay kaşığı
- Kurutulmuş kekik; 2 çay kaşığı
- Acı biber: 1 çay kaşığı
- Tarçın; ½ çay kaşığı

TALİMATLAR:
a) Sığır eti dilimlerini taneler halinde kesin ve 5 mm kalınlığında dilimler halinde kesin. Pürüzsüz bir macun yapmak için malzemeleri karıştırın. Sığır dilimlerinin üzerine uygulayın ve plastik bir torbaya sarılı olarak bir gece buzdolabında bekleterek marine edin.

b) 165 derecede pişince kurutucu tepsisine yerleştirip 6 saat işlemden geçirin.

61. Buffalo Sığır eti sarsıntılı

İÇİNDEKİLER:
- Manda kanadı sosu; 1 fincan
- Tuz
- Sığır eti, göz yuvarlak; 2 lbs.

TALİMATLAR:
a) Sığır eti alın ve 5 mm kalınlığında dilimler halinde kesin. Manda kanadı sosunu ve tuzu karıştırın. Sığır dilimlerinin üzerine uygulayın ve plastik bir torbaya sarılı olarak bir gece buzdolabında bekleterek marine edin.

b) 165 derecede pişince kurutucu tepsisine yerleştirip 6 1o 8 saat işlemden geçirin.

62.Brezilya Barbekü Sarsıntılı

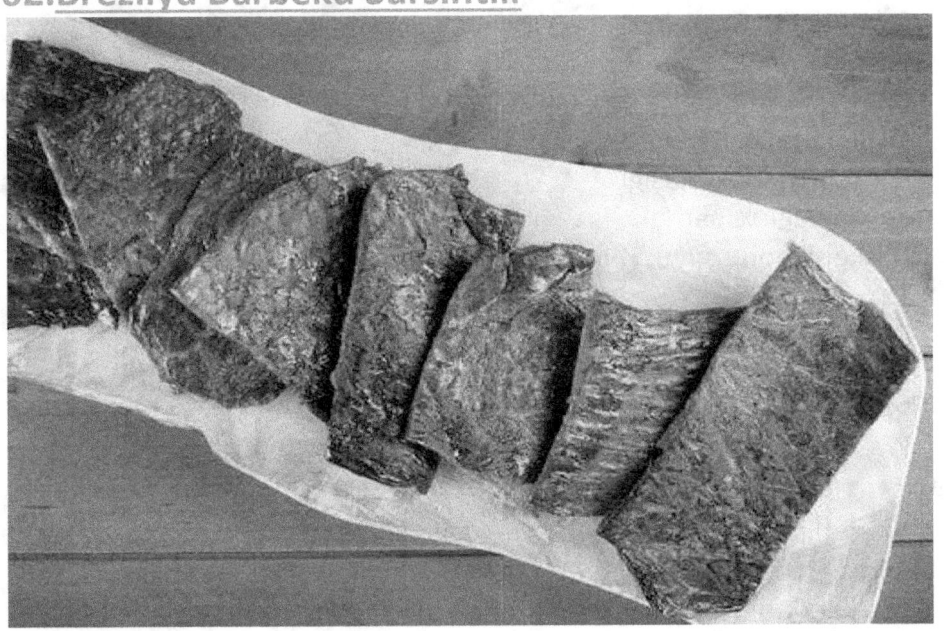

İÇİNDEKİLER:
- Sığır eti, üst tur; 2 lbs.
- Kimyon, öğütülmüş; 2 çay kaşığı
- Kekik, kurutulmuş; 2 çay kaşığı
- Kişniş; zemin; 1 çay kaşığı
- Karabiber; 1 çay kaşığı
- Zeytin yağı; ½ bardak
- Misket limonu suyu; ½ bardak
- Tuz
- Soğan tozu: 1 çay kaşığı
- Kırmızı biber ezilmiş; 1 çay kaşığı
- Rendelenmiş sarımsak dişleri; 4

TALİMATLAR:
a) Sığır eti dilimlerini kesin ve 5 mm kalınlığında dilimler halinde kesin.
b) Pürüzsüz bir macun elde etmek için kimyon, kekik, soğan tozu, kişniş, tuz, karabiber ve diğer malzemeleri birleştirin.
c) Bu sığır eti dilimleri karışımını üzerine koyun ve plastik bir torbaya sarılı olarak bir gece buzdolabında bekleterek marine edin.
ç) 165 derecede pişince kurutucu tepsisine yerleştirip 6 saat işlemden geçirin.

63. Tatlı Isı Sarsıntılı

İÇİNDEKİLER:

- Yuvarlak sığır eti gözü; 2 lbs.
- Dijon hardalı; 4 yemek kaşığı
- Tuz
- Soğan tozu; 1 yemek kaşığı
- Kırmızı toz biber; 1 yemek kaşığı
- Sarımsak tozu; 1 çay kaşığı
- Cayenne tozu; 1 yemek kaşığı
- Füme Kırmızı Biber; 4 çay kaşığı
- Esmer şeker; 6 yemek kaşığı
- Ketçap; ½ bardak
- Soya sosu; ½ bardak
- Worcestershire sos; ¼ bardak

TALİMATLAR:

a) Sığır eti dilimlerini kesin ve 5 mm kalınlığında dilimler halinde kesin. Pürüzsüz bir macun yapmak için malzemeleri karıştırın.

b) Sığır dilimlerinin üzerine uygulayın ve plastik bir torbaya sarılı olarak bir gece buzdolabında bekleterek marine edin.

c) 165 derecede pişince kurutucu tepsisine yerleştirip 6 saat işlemden geçirin.

64.Füme Somon Sarsıntılı

İÇİNDEKİLER:
- Somon; 1 ¼ lb.
- Şeker kamışı; 1 yemek kaşığı
- Taze sıkılmış limon suyu; 1 yemek kaşığı
- Karabiber; 2 çay kaşığı
- Sıvı duman; 1 çay kaşığı
- Soya sosu; 1 ¼ lb.

TALİMATLAR:
a) Somon balığını yarım santim kalınlığında dilimler halinde kesin. bir kapta soya sosu, pekmez, limon suyu, biber ve sıvı dumanı karıştırın.
b) Bunu balık dilimlerinin üzerine sürün ve plastik bir torbaya sarılı olarak bir gece buzdolabında bekleterek marine edin.
c) 145 derecede pişince kurutucu tepsisine yerleştirip 8 saat işlemden geçirin.

65.Cajun Morina Sarsıntılı

İÇİNDEKİLER:
- Alaska morina filetosu; 1 lb.
- Sıkma limon suyu; 1
- Sarımsak tozu; 1 çay kaşığı
- Tuz
- Karabiber; ½ çay kaşığı
- Soğan tozu; 1 çay kaşığı
- Kırmızı biber; 1 çay kaşığı
- Kırmızı biber; ¼ çay kaşığı

TALİMATLAR:
a) Morina balığını taneleri boyunca ¼ kalınlığında dilimleyin. Malzemeleri iyice karıştırıp balıkların üzerine dökün.
b) Her dilimin karışımla kaplandığından emin olun. Plastik bir torbaya sarılı olarak bir gece buzdolabında bekleterek marine edin.
c) 145 derecede bittiğinde kurutucu tepsisine yerleştirin ve 8 ila 10 saat boyunca işlemden geçirin.

MEYVELER, SEBZELER VE DERİLER

66.Çikolatalı Muz Derisi

İÇİNDEKİLER:
- Muz; 4
- Kakao tozu; 2 yemek kaşığı
- Esmer şeker; 1 yemek kaşığı

TALİMATLAR:
a) Muzları püre haline getirin ve kakao tozu ekleyin
b) ve esmer şeker. Bunları iyice karıştırın ve kurutucu tepsisine dökün.
c) 130 derecede 10 saat kurumaya bırakın, yarıya kadar çevirin ve geri kalan süre boyunca işleyin. Ruloları kazıyarak yapın.

67. Elma incir meyve deri

İÇİNDEKİLER:
- Yıkanmış incir; 10 olgun
- Elmalar; 2 çekirdek çıkarıldı
- Portakal suyu; 1 fincan

TALİMATLAR:
a) Bir tencereye tüm malzemeleri koyun ve kaynatın. Bir süre kaynamaya bırakın ve ısıyı yaklaşık 30 dakika kadar azaltın.

b) Bittiğinde, püre haline getirmek için bunları karıştırın ve kurutucu tepsisine ince bir tabaka halinde dökün. 6 ila 8 saat boyunca 125 derecede kurumasını bekleyin.

68.Kurutulmuş Frenk Soğanı

İÇİNDEKİLER:
- Frenk soğanı

TALİMATLAR:
a) Frenk soğanı 1,5 cm'lik parçalara bölün ve üzerine yayın.
b) kurutucu tepsisi. 95 derecede 3 ila 5 saat kurumaya bırakın.

69.Çilek baharatlı meyve derisi

İÇİNDEKİLER:
- Doğranmış ve kabuğu soyulmuş çilekler; 1 lb.
- Jalapeno veya serrano biberi; 1 (tohumsuz)
- Limon suyu; 1 yemek kaşığı
- Toz şeker; 1/3 bardak

TALİMATLAR:
a) Çilek püresini yapıp limon suyu ve karabiberi ekleyin.
b) İyice karıştırıp kurutucu tepsisine 1/8 inç kalınlığında şeritler halinde dökün.
c) Sıcaklığı 140'a ayarlayın ve 6 ila 8 saat kurumaya bırakın.

70.Şeftali Derisi

İÇİNDEKİLER:
- Dilimlenmiş şeftali; 3
- Kayısı; dilimlenmiş; 3
- Şeker; 1 yemek kaşığı

TALİMATLAR:
a) Her iki meyveyi de tencereye koyun, üzerine şeker serpin ve kısık ateşte pişirin. Eriyince iyice karıştırıp ocaktan alıp soğumaya bırakın.
b) Bittiğinde, püre haline getirmek için karıştırın ve karışımı bir meyve rulosuna dökün ve kurutucunun üzerine yerleştirin.
c) 165 derecede 8 saat kurumaya bırakın. İşlem tamamlandıktan sonra, bir kapta saklamadan önce oda sıcaklığında soğumasını bekleyin.

71. Karpuz şeker dilimleri

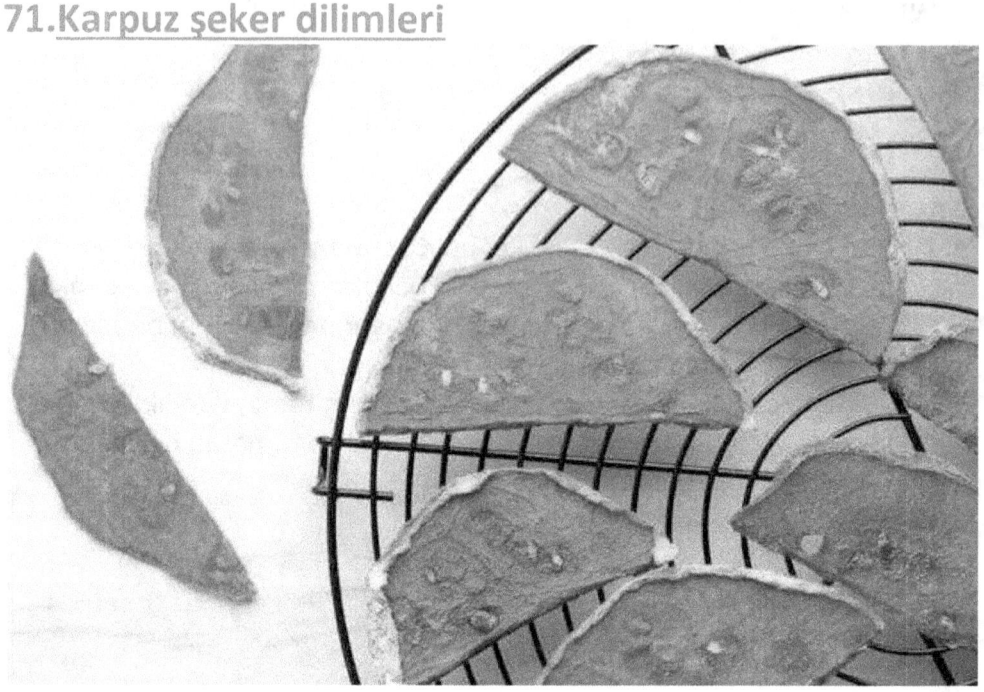

İÇİNDEKİLER:
- Fleur de sel
- Karpuz; 1

TALİMATLAR:
a) Karpuzları kesip kabuklarını çıkarın. Dilimlerin yalnızca 1/8 inç kalınlığında olduğundan emin olun.
b) Kurutucu tepsisine yerleştirin ve üzerine fleur de sel serpin.
c) 18 saat boyunca 135 derecede kurumaya bırakın.

72.Burbonlu Ballı Şeftali

İÇİNDEKİLER:
- Şeftali, çekirdeği çıkarılmış halde dilimlenmiş; 1
- Burbon; 3
- Bal; ¼ bardak
- Sıcak su; ¼ bardak

TALİMATLAR:
a) Meyve dilimlerini kapatılabilir bir torbaya koyun. Bir kase alın ve bal ile sıcak suyu, bal iyice eriyene kadar karıştırın. Bittiğinde burbonu dökün, çırpın ve soğumaya bırakın, torbaya dökün. 4 saat boyunca her ikisinin de marine edilmesine izin verin.

b) Bu sürenin sonunda bu dilimleri 145 derecelik kurutucu tepsisine yerleştirin ve 16 saat boyunca işlemden geçirin. Bu 10 gün boyunca saklanabilir.

73. Siyah ve Yaban Mersini meyveli deri

İÇİNDEKİLER:
- Yaban mersini; 1 lb.
- Böğürtlen; ½ bardak
- Akçaağaç şurubu; 1 yemek kaşığı

TALİMATLAR:
a) Tüm malzemeleri karıştırıp pürüzsüz bir püre haline getirin.
b) Tel süzgeç yardımıyla süzün
c) kauçuk spatula. Meyve rulosunun üzerine yapışmaz sprey püskürtün ve püreyi dökün. Her yerine eşit şekilde yayıp tepsiyi kurutucuya yerleştirin.
ç) 165 derecede 6 ila 10 saat kadar işleyin. Pürenin ortasından itibaren iyice kuruduğundan emin olun.

74.Üzüm Akçaağaç meyve derisi

İÇİNDEKİLER:
- Erik; 6
- Üzüm; çekirdeksiz
- Akçaağaç şurubu; 1 çay kaşığı
- Su; ½ bardak

TALİMATLAR:
a) Eriklerin çekirdeklerini soyup çıkarın. Erik pişirin
b) ve üzümler en az 15 dakika veya yumuşayıncaya kadar kısık ateşte pişirilir.
c) İşiniz bittiğinde hepsini düşük hızda karıştırın ve pürüzsüz bir püre elde etmek için filtreleyin.
ç) Sıcaklığı 165'e ayarlayın ve 6 ila 10 saat boyunca kurutun.

75.Tatlı Biber Kurutucu

İÇİNDEKİLER: ,
- Dolmalık biber; yıkanır, uygun şekilde kesilir ve çekirdekleri çıkarılır

TALİMATLAR: ,
a) Dolmalık biberi şeritler halinde ve ikiye bölün. olduklarından emin olun
b) düzgün bir şekilde yıkanır ve daha sonra tek bir kurutucuya yerleştirilir
c) çarşaflar. Kurutucuyu gevrekleşene kadar 125 ila 135 dereceye ayarlayın, bu yaklaşık 12 ila 24 saat ve hatta daha fazla sürecektir. Küçük parçaları kesmemeye çalışın.
ç) Bittikten sonra depolamaya hazır hale gelirler ve üç bardağa kadar küçülürler ve kilerde bir yıl dayanırlar.
d) Kaynatmadan veya başka bir şey yapmadan, pişirdiğiniz şeyin içine koyarak her zaman yeniden sulandırabilirsiniz.

VEGAN KURUTULMUŞ TARİFLER

76.Kurutulmuş tofu

İÇİNDEKİLER:
- soya peyniri

TALİMATLAR:
a) Tofu, çeşitli dokularda sert, yarı sert veya ekstra sert olarak mevcuttur. En çok beğendiğinizi seçin ve suyunu boşaltın.
b) Ne kalın ne de ince dilimler halinde kesin. Kurutucu tepsisine tek kat halinde yerleştirin ve 155 derecede 3 ila 6 saat boyunca kurutun.

77.Kurutulmuş tofu tavuğu

İÇİNDEKİLER:

- Soya peyniri; 250 gr
- Önceden Pişirilmiş Tavuk; 1 göğüs parçası
- Baharatlar

TALİMATLAR:

a) Sert tofu alın veya iyice kesilebilmesi için bir süre dondurun. Daha sonra kurutmak için dilimleyin veya küçük parçalar halinde kesebilirsiniz. Bunları bir kaseye koyun ve dilediğiniz baharatlarla karıştırın. Haşlanmış tavuğu parçalayıp daha sonra ekleyin.

b) Kurutucu tepsisini parşömen kağıdıyla hizalayın ve tavuk-tofu karışımını kurutucu tepsisine yerleştirin. 135 derecede 8 saat işleyin.

78.Kırmızı mercimek biber

İÇİNDEKİLER:

- Yağ; 1 yemek kaşığı
- Soğanlar; 1 bardak doğranmış
- Dolmalık biber; 1 doğranmış
- Tuz
- Sarımsak karanfilleri; 5
- Dilimlenmiş kabak; 2 bardak
- Biber tozu; 3 yemek kaşığı
- Kimyon öğütülmüş; 1 yemek kaşığı
- Kavrulmuş doğranmış domates; 1 kutu 14 oz.
- Fasulye; 1 kutu 14 oz.
- Salça; 2 yemek kaşığı
- Sebze suyu; 2 bardak
- Kırmızı mercimek; 1 fincan
- Şeker; 1 çay kaşığı

TALİMATLAR:

a) Tavada yağı ısıtıp tuzu, soğanı ve biberi soteleyin. Altın rengini aldıktan sonra kabakları ekleyip yumuşayana kadar pişirin. İyice karıştırıp sarımsak, kimyon ve kırmızı biberi ekleyip 30 saniye pişirin.

b) Daha sonra domatesleri, fasulyeleri ve et suyunu ekleyin ve birleşene kadar karıştırın. Kaynamaya bırakın ve daha sonra mercimeği ekleyin. Mercimekler yumuşayıncaya kadar 20 dakika kadar pişirin. Daha sonra şekeri ekleyin ve tekrar karıştırın.

c) Bittiğinde, parşömen kağıdıyla kaplı kurutucu tepsisine ince bir tabaka halinde yayın. 8 ila 12 saat boyunca 135 derecede kurumasını bekleyin.

79.Kurutulmuş Tay yeşil köri

İÇİNDEKİLER:

- Kurutulmuş pirinç; önceden pişirilmiş; ½ bardak
- Kurutulmuş öğütülmüş tavuk; Vegan olmanız durumunda ¼ fincan veya Tofu
- Kurutulmuş sebze, karışık; ¼
- Yeşil köri Yapıştır; ¼ bardak kurutulmuş
- Hindistan cevizi sütü tozu; 3 yemek kaşığı

TALİMATLAR:

a) Köri ezmesini 135 derecede 6 ila 7 saat boyunca kurutun.
b) Tavuğu Tayland yeşil körisine göre hazırlayın. Alternatif olarak tavuk için tofuyu da kullanabilirsiniz. Tüm malzemeleri bir suyun içinde birleştirip 5 dakika bekletin ve kaynatın.
c) Bunları yalıtımlı bir rahat odaya aktarın ve 15 dakika boyunca birleşmelerine izin verin.

80.Tay kırmızı köri

İÇİNDEKİLER:
- Kurutulmuş pirinç; ½ bardak
- Kurutulmuş tofu; ¼ bardak
- Karışık sebze; ½ bardak
- Kurutulmuş kırmızı köri ezmesi; ¼ bardak
- Hindistan cevizi sütü tozu; 3 yemek kaşığı
- Yeniden sulandırmak için su; 2 bardak

TALİMATLAR:
a) Köri ezmesini kurutucu tepsisine yayın ve 135 derecede 6 ila 7 saat kurutun.
b) Tüm malzemeleri suyla birleştirin ve 5 dakika bekletin.
c) Bunları kaynatın ve yalıtımlı bir rahat odaya aktarın. 15 dakika kadar birleşmelerine izin verin.

81.Yumurta meyveli limonlu lor

İÇİNDEKİLER:
- Orta boy patlıcan; 1
- Toz şeker; ¾ bardak
- Vegan tereyağı, 2 yemek kaşığı eritilmiş
- Limon kabuğu rendesi, 2/3 bardak
- Patates nişastası; 1 yemek kaşığı
- Vanilya özü; ½ çay kaşığı
- tuz

TALİMATLAR:
a) Patlıcanı alıp soyun. Bir karıştırıcıda diğer malzemelerle işleyin ve püre haline getirin. bir kurutucu tepsisini hizalayın ve yapışmaz bir tabaka ile hizalayın.
b) Karışımı olduğu gibi üzerine dökün ya da sıkma torbasına döküp damlacıklar haline getirebilirsiniz.
c) 110 derecede 12 saat kurutulur.

82.Kurutulmuş Hindistan cevizi pastırma

İÇİNDEKİLER:
- Hindistan cevizi parçaları; 2 bardak
- Zeytin yağı; 1 yemek kaşığı
- Braggs sıvı amino; 1 yemek kaşığı
- Akçaağaç şurubu; 1 yemek kaşığı
- Elma sirkesi; 2 çay kaşığı
- Sıvı duman; 1 çay kaşığı
- Füme Kırmızı Biber; 1 çay kaşığı
- Tuz

TALİMATLAR:
a) Tüm malzemeleri büyük bir kapta hindistan ceviziyle birlikte iyice karıştırın.
b) Ellerinizin yardımıyla malzemeleri nazikçe karıştırın, böylece pullar ortaya çıkar ve turşuyu düzgün bir şekilde içlerine dökün.
c) Bu pulları kurutucu tabakasının üzerine yayın ve 125 derecede 12 ila 24 saat boyunca işleyin. Bittiğinde soğumalarını bekleyin, böylece düzgün bir şekilde çıtır hale gelirler.

83.Vegan ve dolmasız biber

İÇİNDEKİLER:

- Kurutulmuş pirinç; ½ bardak
- Kurutulmuş yeşil mercimek; ¼ bardak
- Kurutulmuş dolmalık biber; ¼ bardak
- Havuçlar; 1 yemek kaşığı; kurutulmuş
- Kabak, kurutulmuş; 1 yemek kaşığı
- Domates soslu deri; 2 yemek kaşığı
- Yeniden nemlendirmek için su

TALİMATLAR:

a) Önceden pişirilmiş pirinci kurutun.
b) Tüm malzemeleri birleştirin ve suyun 5 dakika bekletin.
c) Hafif ateşte bir dakika kaynatın.
ç) Yalıtkan bir rahatlığa dökün.
d) Vaktiniz varsa 20 dakika veya daha uzun süre daha oturmasına izin verin.

84.Domatesli büsküvi

İÇİNDEKİLER:
- Zeytin yağı; 1 yemek kaşığı
- Sarı soğan; 1 orta boy
- Sarımsak karanfilleri; 3 kıyılmış
- Tuz
- Sebze stoğu; 4 bardak
- Ateşte kavrulmuş ezilmiş domates; 1 kutu 28 oz.
- Güneşte kurutulmuş domatesler; ½ bardak
- Çiğ kaju; ½ bardak
- Beslenme mayası; 2 yemek kaşığı
- Balzamik sirke; 1 yemek kaşığı
- Karabiber, öğütülmüş; ½ çay kaşığı
- Julienned taze fesleğen; ½ bardak

TALİMATLAR:
a) Düdüklü tencerede yağı ısıtın ve sote fonksiyonuna ayarlayın.
b) Soğanları ve sarımsakları ekleyip yumuşayana kadar pişirin, 5 dakika sürecektir ve tuz serpin. 10 dakika pişirmeye devam edin ve eşit şekilde kahverengileşip karamelize edin.
c) Sebze suyunu, her iki domates çeşidini, kaju fıstığını, besin mayasını, sirkeyi ve karabiberi dökün. Basınçta 8 dakika pişirin ve buharını bırakın. Pürüzsüz bir püre elde etmek için soğumasını bekleyin ve robotta karıştırın.
ç) Kurutucu tepsisine dizilmiş silikon file üzerine dökün ve 135 derecede 8 ila 10 saat işlemden geçirin.

85.Mango salsa kuskus salatası

İÇİNDEKİLER:
- Kuskus; 1 fincan
- Su; 1 ½ bardak
- Kurutulmuş mango; 2/3 bardak
- Hazırlanmış Salsa; ¾ bardak
- Kimyon; 2 çay kaşığı
- Köri tozu; 1 çay kaşığı

TALİMATLAR:
a) Mangoları kurutun ve kaynatın.
b) Kuskus, salsa, mango, kimyon ve köri tozunu karıştırın.
c) Üzerine bir kapak kapatıp kısık ateşte suyunu tamamen çekene kadar pişirin.
ç) Ateşten alın ve 5 ila 10 dakika boyunca birleşmesine izin verin.

86.Mahallo Macadamia kinoa pilavı

İÇİNDEKİLER:
- Su; 2 1/3 bardak
- Ebegümeci çiçeği çay poşetleri; 6 kurutulmuş
- Hindistan cevizi yağı sütü; 1 kutu 14 oz.
- Tuz; ½ çay kaşığı
- Pancar püresi; ½ bardak
- Ham kinoa; 2 bardak
- Macadamia fıstığı; 1 fincan
- Hindistancevizi yağı; 1 yemek kaşığı
- Tatlı soğan; 1
- Sarımsak karanfilleri; 4
- Öğütülmüş karabiber; ¼ çay kaşığı
- Yeşil soğan; 1 adet büyük ve ince dilimlenmiş

TALİMATLAR:

a) Ebegümeci çiçeği çayını bir tencerede kaynatın ve daha sonra ocaktan alın. Çayın 30 dakika demlenmesine izin verin, ardından çay poşetlerini sıkın. Tencereyi tekrar ateşe alıp hindistan cevizi sütü, pancar püresi ve tuzu ekleyin.

b) Tekrar kaynatın ve ardından kinoayı ekleyin. Ateşi kısıp kapağını kapatarak kaynamaya bırakın. 20 dakika veya kinoa sıvıyı emene kadar pişirin, ardından ısıyı kapatın.

c) Macadamia fıstıklarını ayrı ayrı tavada kavurun ve bir kenara koyun. Yağı ısıtın ve kalan malzemeleri soteleyin. Bunları fındık ve pişmiş kinoa ile karıştırın. Bunlar birleşene kadar karıştırın.

ç) Soğumalarını bekleyin ve parşömen kağıdıyla kurutucu tepsisine yayın. 145 derecede 8 saat kurutun.

87. Ham Cinnamon Ruloları

Yapım : 3-5

İÇİNDEKİLER:
- 15 organik hurma, çekirdeği çıkarılmış
- 4 büyük olgun organik muz
- 1/2 çay kaşığı organik tarçın
- İsteğe bağlı: Vanilya
- İsteğe bağlı: Ek baharatlar

Talimatlar
a) Muzları dikey olarak 3'er parçaya dilimleyin.
b) Muzlara tarçın serpin ve 6-8 saat boyunca 115F'deki kurutucuya koyun.
c) Tüm tarihleri bir miktar tarçın, isteğe bağlı vanilya ve su ile birlikte yüksek hızlı bir karıştırıcıya ekleyin .
ç) Muz kırılmadan ele alınabilecek hale geldiğinde, ancak tamamen kuruduğunda, dilimler alın ve karamelleri üzerlerine yayın.
d) Bir rulo oluşturmak için muzu karamelle kendi etrafında yuvarlayın. İstenirse ruloların üzerine daha fazla hurma karameli ekleyin. Üst kısmına tarçın serpin.
e) Tamamen ısınana kadar 6 saat boyunca kurutucuya geri koyun.

88. Kurutulmuş ekmek kırıntıları

İÇİNDEKİLER:
- Ekmek dilimleri

TALİMATLAR:
a) Ekmek kırıntılarını kurutmak kolaydır. Eski ekmeği alıp kurutucu tepsisine yerleştirip 125 derecede 4 saat işlemeniz gerekiyor. Bu süre sabit değildir, çıtır olana kadar işlemeniz gerekir.
b) Düzgün kuruduğunda bunları mutfak robotunda işleyerek kırıntı haline getirin.

89. Muzlu Keten Krep

Yapım: 4 KREP

İÇİNDEKİLER:
- 1 su bardağı ezilmiş muz, paketlenmiş (2 bütün)
- ½ bardak keten yemeği
- ½ bardak su veya gerektiği kadar

TALİMATLAR
a) Muzu yüksek hızlı bir blenderin altına yerleştirin. Keten ununu ve suyu ekleyin ve pürüzsüz hale gelinceye kadar karıştırın.
b) Karışımı, astarlı 14 inç karelik kurutucu tepsisine eşit şekilde yayın.
c) 104°F'ta 4 ila 6 saat boyunca veya tamamen kuruyana kadar kurutun.

90.Kurutulmuş Kış Kabağı

İÇİNDEKİLER:
- Kış kabağı

TALİMATLAR:
a) Kabağı dilimler halinde kesin, çekirdeklerini ve kabuğunu çıkarın.
b) Bunları bir kurutucu tepsisine yerleştirin ve 125 derecede 10 ila 12 saat boyunca kurutun.

91.Elmalı Krep

Şunları yapar: 4 SARMACI

İÇİNDEKİLER:
- 1 su bardağı çekirdeği çıkarılmış ve doğranmış elma
- ½ bardak keten yemeği
- 2 yemek kaşığı agav şurubu
- ½ bardak su veya gerektiği kadar

TALİMATLAR

a) Elmaları yüksek hızlı bir blenderin altına yerleştirin. Keten unu, agav ve suyu ekleyin. Pürüzsüz olana kadar karıştır.

b) Karışımı, astarlı 14 inç karelik kurutucu tepsisine eşit şekilde yayın.

c) 104°F'ta 4 ila 6 saat boyunca veya tamamen kuruyana kadar kurutun. Ayrıca krepleri çevirebilir, astarı soyabilir ve kuruyana kadar birkaç saat daha kurutabilirsiniz.

92.Brezilya Fındıklı-Muzlu Krep

Yapım: 6 KREP

İÇİNDEKİLER:
- 2 su bardağı ezilmiş muz, paketlenmiş (3 bütün)
- 1 bardak Brezilya fıstığı, toz haline getirilmiş
- 1 bardak keten yemeği
- 2 çay kaşığı öğütülmüş tarçın
- 1 bardak filtrelenmiş su veya gerektiği gibi

TALİMATLAR

a) Muzu yüksek hızlı bir blenderin altına yerleştirin. İşlenmiş Brezilya fıstığını, keten küspesini, tarçını ve suyu ekleyin. Pürüzsüz olana kadar karıştır.

b) Karışımın ½ fincanını iki adet 14 inç karelik kurutucu tepsisine (dördü bir tepsiye, kalan ikisi ikinci tepsiye) altı daireye koyun. Krep şekillerine yayın.

c) 104°F'ta 5 ila 7 saat boyunca kurutun. Ters çevirin, Paraflexx astarını soyun ve istenilen kıvama gelinceye kadar 2 ila 4 saat daha kurutun.

ç) En sevdiğiniz reçel, sos veya şurupla servis yapın.

93.Ispanaklı Kiş

Yapım: 4 Porsiyon

İÇİNDEKİLER:
- 1 tarif Kiş Kabuğu, belirtildiği gibi kurutulmuş
- 1 su bardağı dilimlenmiş sarı soğan
- 1 çay kaşığı Nama Shoyu veya Bragg Sıvı Amino
- 2 çay kaşığı sarımsak (2 diş)
- 1 çay kaşığı deniz tuzu
- 2 su bardağı ayçiçeği çekirdeği
- ¼ bardak limon suyu (2 limondan)
- Gerektiğinde ½ ila ¾ bardak filtrelenmiş su
- 3 su bardağı ıspanak, iyice yıkanmış ve sıkıca paketlenmiş

TALİMATLAR

a) Öncelikle soğanı Nama Shoyu ile birlikte bir kaseye koyun ve yumuşaması için en az 20 dakika marine edin.

b) Sarımsakları ve tuzu mutfak robotuna koyun ve sarımsakları küçük parçalar halinde işleyin. Ayçiçeği tohumlarını ekleyin; küçük parçalara ayırın. Süzme peynirine benzer kalın bir kıvam elde etmek için gerektiği kadar limon suyu ve su ekleyin.

c) Soğanları turşusu ve ıspanakla birlikte ekleyin; dolguyu karıştırmak için hafifçe vurun. Quiche Crust'a kaşıkla batırın.

ç) 104°F sıcaklıkta 2 ila 4 saat boyunca kurutun ve sıcak olarak servis yapın.

94.Kuşkonmaz-Mantarlı Kiş

Yapım: 4 Porsiyon

İÇİNDEKİLER:
- 1 tarif Kiş Kabuğu, belirtildiği gibi kurutulmuş
- 2 çay kaşığı sarımsak (2 diş)
- 1 çay kaşığı deniz tuzu
- 2 bardak kaju fıstığı
- ¼ bardak limon suyu (2 limondan)
- Gerektiğinde ½ ila ¾ bardak filtrelenmiş su
- 1 su bardağı ince dilimlenmiş ve doğranmış kuşkonmaz
- 2 su bardağı dilimlenmiş mantar (herhangi bir tür)

TALİMATLAR

a) Sarımsakları ve tuzu mutfak robotuna koyun ve sarımsakları küçük parçalar halinde işleyin.

b) Kaju fıstıklarını ekleyin; küçük parçalara ayırın. Süzme peynirine benzer kalın bir kıvam elde etmek için gerektiği kadar limon suyu ve su ekleyin.

c) Kuşkonmaz ve mantarları ekleyin; dolguyu karıştırmak için hafifçe vurun. Quiche Crust'unuzu kaşıklayın.

ç) 104°F sıcaklıkta 2 ila 4 saat boyunca kurutun ve sıcak olarak servis yapın.

95.Hindistan Cevizi Pastırmalı Brokoli-Cheddar Kiş

Yapım: 4 Porsiyon

İÇİNDEKİLER:
- 1 tarif Kiş Kabuğu, belirtildiği gibi kurutulmuş
- 2 çay kaşığı sarımsak (2 diş)
- 1 çay kaşığı deniz tuzu
- Renk için 2 çay kaşığı zerdeçal (isteğe bağlı)
- 2 su bardağı ayçiçeği çekirdeği
- ¼ bardak limon suyu (2 limondan)
- Gerektiğinde ½ ila ¾ bardak filtrelenmiş su
- 1 su bardağı brokoli çiçeği, küçük parçalara bölünmüş
- 2 su bardağı kıyılmış Hindistan Cevizi Pastırma veya Patlıcan Pastırma

TALİMATLAR

a) Sarımsak, tuz ve zerdeçalı (kullanılıyorsa) bir mutfak robotuna yerleştirin ve sarımsağı küçük parçalar halinde işleyin. Ayçiçeği tohumlarını ekleyin; küçük parçalara ayırın. Süzme peynirine benzer kalın bir kıvam elde etmek için gerektiği kadar limon suyu ve su ekleyin.

b) Brokoliyi ekleyin ve dolguyu karıştırmak için hafifçe vurun. Quiche Crust'unuzu kaşıklayın. Hindistan Cevizi Bacon parçalarını serpin.

96.Karabuğday Bisküvisi

Yapım: 4 Porsiyon

İÇİNDEKİLER:
- 2 su bardağı Karabuğday Çıtırları
- ¼ bardak altın keten tohumu
- ¼ bardak zeytinyağı
- 1 çay kaşığı deniz tuzu
- 1½ bardak filtrelenmiş su

TALİMATLAR

a) Karabuğday Çıtırlarını toz haline getirin ve ardından bir mutfak robotuna yerleştirin. Daha sonra keten tohumlarını toz haline getirin ve mutfak robotuna ekleyin. Yağı ve tuzu ekleyin; iyice karıştırma işlemini yapın. Suyu ekleyin ve kalın, hamurlu bir hamur haline getirin.

b) Hamuru, 14 inç karelik astarlı bir kurutucu tepsisine 1/3 fincanlık bisküvi şekillerine (on tane yapabilmeniz gerekir) yerleştirin. 104°F sıcaklıkta 8 ila 10 saat boyunca kurutun.

c) 2 ila 4 saat daha veya istenen kıvama gelinceye kadar çevirin ve Kurutun. Bisküvilerin dışının kabuklu olmasını, iç kısmının ise yumuşak ama yumuşak olmamasını istiyorsunuz.

ç) Kahverengi poşette oda sıcaklığında 1 gün bekleyecektir. Birkaç gün buzdolabında saklayabilir veya dondurabilirsiniz, ancak bisküviler çıtır kabuklarını kaybedecektir.

97. Kalamata Zeytin Crostini

Yapım: 9 Porsiyon

İÇİNDEKİLER:
- ½ su bardağı kurutulmuş karabuğday kabuğu çıkarılmış tane
- 1 su bardağı doğranmış kereviz
- 1 bardak keten yemeği
- 1½ bardak filtrelenmiş su
- ½ su bardağı çekirdekleri çıkarılmış ve doğranmış kalamata zeytini

TALİMATLAR

a) Karabuğdayı toz haline getirin, ardından yüksek hızlı bir karıştırıcıya yerleştirin. Kereviz, keten unu ve suyu ekleyin. Pürüzsüz olana kadar karıştır. En son zeytinleri ekleyin; hamurun içine karışması için hafifçe vurun.

b) Meyilliyi astarlı 14 inç karelik kurutucu tepsisine eşit şekilde yayın. 104°F'ta 6 ila 8 saat boyunca kurutun. Tepsiye çevirin, astarı soyun ve dokuz kareye bölün. Her dilimi çapraz olarak puanlayın, böylece toplam on sekiz küçük üçgen tost elde edersiniz. Kuruyana kadar 4 ila 6 saat daha kurutun.

SEBZELER

c) Yiyecek pişirme eylemi, yiyeceğin su içeriğinin çoğunu buharlaştırır. Aynı şekilde dehidrasyon, çiğ gıdadaki sebzeleri "pişirmenin" bir yoludur.

ç) Hafif dehidrasyon, kuşkonmaz gibi sert sebzelerin yumuşamasına ve kırmızı dolmalık biber ve soğanın solgunlaşmasına ve çıtırtılarının giderilmesine yardımcı olacaktır.

d) Öte yandan, daha uzun süre kurutmak, hafif ve canlı bir doku oluşturmak için tüm nemi giderir. Sebzelerinizi zeytinyağıyla kaplamak onları yumuşatmaya yardımcı olurken kurutucunuzdaki suyun hızlı ve tam olarak kaybolmasını da yavaşlatacaktır.

98. Karabuğdayla Dövülmüş "Kızarmış" Soğan Halkaları

Yapım: 4 Porsiyon

İÇİNDEKİLER:
- 4 su bardağı ince dilimlenmiş tatlı soğan
- 3 yemek kaşığı sızma zeytinyağı
- 2 yemek kaşığı filtrelenmiş su
- 1 tarif Temel Karabuğday Hamuru

TALİMATLAR

a) Soğanları yağ ve su ile karıştırarak hazırlayın. Daha sonra soğanları iyice kaplayacak şekilde Temel Karabuğday Hamuruna batırın.

b) Soğanları iki sıralı 14 inç karelik kurutucu tepsiye tek bir katman halinde yavaşça yerleştirin ve 4 ila 6 saat boyunca veya tamamen kuruyup gevrekleşene kadar 104°F'ta kurutun.

99. Hırpalanmış Kabak Çubukları

Yapım: 4 Porsiyon

İÇİNDEKİLER:
- 3 kabak, patates kızartması gibi kesilmiş
- 3 yemek kaşığı sızma zeytinyağı
- 2 yemek kaşığı filtrelenmiş su
- 1 tarif Temel Karabuğday Hamuru

TALİMATLAR

a) Kabağı yağ ve su ile karıştırarak hazırlayın. Daha sonra, iyice kaplanması için Temel Karabuğday Hamuruna batırın.

b) Kabak çubuklarını iki sıralı 14 inç karelik kurutucu tepsiye tek bir katman halinde yavaşça yerleştirin ve 5 ila 7 saat boyunca veya dış kısmı kuruyup gevrekleşene kadar 104°F'ta kurutun.

100."Közlenmiş" Biber

Yapım: 4 Porsiyon

İÇİNDEKİLER:
- 4 su bardağı çekirdekleri çıkarılmış ve dilimlenmiş kırmızı dolmalık biber
- ½ su bardağı sızma zeytinyağı
- 1 çay kaşığı kıyılmış sarımsak

TALİMATLAR
a) Dolmalık biberi zeytinyağı ve sarımsakla birlikte iyice karıştırın.
b) Biberleri iki adet 14 inç karelik kurutucu tepsiye tek bir katman halinde yavaşça yerleştirin ve 3 ila 5 saat boyunca veya yumuşayıncaya kadar 104°F'ta kurutun. Fazla kurutmamaya dikkat edin, sadece biberleri yumuşatmak istiyorsunuz.
c) Kurumaya çok uzun süre bırakırsanız küçülecek ve çıtırlaşacaktır. Böyle bir durumda çorba ve salatalara eklenecek renkli bir serpme olarak harika çalışacaklardır.

ÇÖZÜM

"En İyi Kurutucu Tarif Kitabı" ile yolculuğumuzu tamamlarken, susuz yaratımlar dünyası için ilham ve coşkuyla dolu olduğunuzu umuyoruz. Meyvelerin, sebzelerin ve daha fazlasının lezzetini yoğunlaştırırken özünü nasıl koruyacağınızı öğrendiniz. Kileriniz artık günlük yemek pişirme ve atıştırmalıklarınızı zenginleştirmeye hazır bir olasılıklar hazinesi haline geldi.

Unutmayın, dehidrasyon sadece kolaylık sağlamakla ilgili değildir; doğal, besin dolu lezzetler yaratmanıza olanak tanıyan bir mutfak sanatıdır. Kurutucunuz tatlar, dokular ve tatlardan oluşan bir dünyanın kapılarını açan güçlü bir araçtır. Çıtır lahana cipslerinden zengin ve dumanlı kurutulmuş biberlere kadar seçenekleriniz hayal gücünüz kadar geniş.

Denemeye devam etmenizi, kurutulmuş kreasyonlarınızı arkadaşlarınız ve ailenizle paylaşmanızı ve bu teknikleri mutfak yolculuğunuzun ayrılmaz bir parçası haline getirmenizi teşvik ediyoruz. Susuzlaştırma emeğinizin meyveleriyle kilerinizi canlandırırken, mutfakta geçirdiğiniz her anın ve susuz kalmış lokumlarınızın her lokmasının tadını çıkarmanızı umuyoruz. Mutlu dehidrasyon!